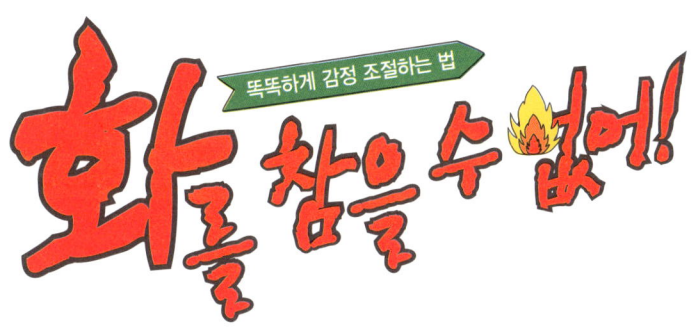

글 강현식·박지영 | 그림 박선미

작가의 말

화가 나 있는 세상입니다. 뉴스를 봐도 드라마를 봐도 서로 화내고 언쟁하는 장면이 자주 나옵니다. 얼마나 자주 나오는지 한번은 4살 된 아들이 드라마 채널이 나오자, "어! 화내는 거 나온다. 엄마 화내는 거 좋아해?" 하고 묻더군요. 마음이 아팠습니다. 우리가 사는 곳이 즐거운 가정, 즐거운 학교, 즐거운 사회, 즐거운 국가로 웃음소리만 가득하다면 얼마나 좋을까요?

하지만 어른들 못지않게 어른이 되기 위해 사춘기라는 성장통을 시작하는 우리 어린이들에게는 '화'라는 감정이 더욱 자주 찾아옵니다. 또, 친구, 가족, 공부, 외모, 미래에 대한 고민과 걱정이 화로 표현되기도 하지요.

그런데 이상하게도 이 중요한 '화'라는 감정을 어떻게 하면 잘 다스리고 조절할 수 있는지 가르쳐 주는 어른은 많지 않습니다. 아마 어른들도 이 '화'라는 감정을 제대로 알지 못하기 때문은 아닐까요? 어른들도 화를 참지 못하거나 다스리지 못해 여러 가지 문제와 사건들을 만들기도 하니까요.

누구나 배우지 못한 것을 스스로 찾아내는 것은 무척 어렵습니다. 보고 배운 대로 하는 것이 인간의 모방 습성이지요. 그래서 여러분이 이 책을 통해 자신의 감정을 돌아보고 알아차리고, 이해하고 활용하며, 조절하는 연습을 해 본다면 조금이라도 화를 다스리는 데 도움이 되지 않을까 하는 마음에 이 책을 쓰게 되었습니다.

　여러분이 화나고, 슬프고, 우울할 때 이 책이 여러분의 감정을 돌아보고 다스리는 데 도움이 되길 바랍니다. 그리고 주변의 친구를 이해하고 부모님을 이해하는 큰마음의 눈을 가져서, 화가 나서 어찌할 바를 모르고 스트레스만 받는 어른이 되지 않기를 바랍니다.

　여러분! 여러분은 너무나 소중한 존재입니다. 나를 잘 알고 내 감정을 잘 다루는 멋진 사람이 되세요!

감정 선생님 강현식·박지영

차례

한성진, 그만해라 8쪽

더는 못 참아! 16쪽

비밀 감정 수업 30쪽

오르락내리락 감정 수업 01 감정이란 무엇일까?
아하! 이런 감정이구나

나 화났어! 44쪽

오르락내리락 감정 수업 02 감정 알아차리기
아하! 이렇게 반응하는구나

화를 참을 수 없어 60쪽

오르락내리락 감정 수업 03 감정 이해하기
아하! 이래서 화가 났구나

폭력은 절대 금지 78쪽
오르락내리락 감정 수업 04 감정 표현하기
아하! 이렇게 표현하는구나

나 전달법이 뭐야? 102쪽
오르락내리락 감정 수업 05 감정 전달하기
아하! 이렇게 전달하는구나

'화' 에너지 발사 118쪽
오르락내리락 감정 수업 06 감정 활용하기
아하! 이렇게 사용하는구나

비밀 감정 클럽, 파이팅 136쪽

한성진, 그만해라

 얼마만의 현장학습인가! 5학년 3반 아이들은 출발하기 전부터 들떠있었다. 아이들은 작년에 취소된 현장학습만 생각하면 끔찍했다. 그런데 오늘은 날씨도 좋고, 과학관에 가는 동안 선생님 몰래 핸드폰도 사용할 수 있으니 그야말로 일석이조였다.
 "자, 오늘은 여러분이 기다리고 기다리던 현장학습 날이에요. 돌아올 때까지 즐거운 현장학습이 되도록 여러분이 지켜야 할 몇 가지 약속이 있어요."
 긴 머리에 야광색 운동화를 신은 김정서 선생님이 출발 전

아이들에게 몇 가지 당부를 했다.

"안전띠를 풀지 말 것, 차 안에서 동영상을 보거나 핸드폰 게임을 하지 말 것, 과자와 음료수는 현장학습 장소에서 먹을 것, 개인행동을 하지 말고 반드시 팀끼리 같이 다닐 것, 위급한 상황이 생기면 나에게 바로 전화할 것……."

선생님은 귀에 이어폰을 꽂고 음악을 듣는 것은 가능하다고 허락했다. 아이들은 더욱 신이 나서 오늘 도시락 이야기며, 어제 학원에서 있었던 일, 게임 레벨 이야기 등을 하며 시끄럽게 떠들었다.

고은이도 인내와 함께 재잘재잘 수다를 떨며, 앞자리에 앉은 사랑이에게도 간간이 말을 걸었다.

고은이와 인내는 좋아하는 아이돌 그룹이 같아서 더 잘 통하는 사이다. 둘은 아이돌 그룹의 음악을 들으려 이어폰을 한쪽씩 나눠 귀에 꽂았다. 달리는 버스 안에서 흥얼흥얼 작은 목소리로 따라 부르는데 문자가 왔다.

> 야! 너 뭐하냐?
> 왜 답이 없어. 뭐하냐니까?

"모르는 번혼데, 누구지?"
고은이가 인내를 쳐다보다가 문자에 답했다.

> 넌 누구니?

> 나? 한성진이야. ㅋㅋㅋ

고은이가 놀라서 뒤를 보니, 버스 뒤쪽에서 성진이가 히죽거리며 웃고 있었다. 고은이가 다시 문자를 보내자, 성진이는 엉뚱한 문자를 보냈다.

> 너 내 번호 어떻게 알았어?

> 너 우민이 좋아한다며?

이건 또 무슨 뚱딴지같은 소리인지, 같은 영어 학원에 다니는 우민이는 늘 말이 없고 얌전한, 뭐랄까 얌전하다기보단 너무 우울해 보이는 아이였다. 그런 아이를 고은이가 좋아한다니 기가 막혔다.

> 야! 너 무슨 소리 하는 거야? 나 걔랑 말도 한 번 안 해 봤거든! 문자하지 마라!

> 우민이랑 영어 학원 차 같이 타고 다니면서. 우정이 깊어 보이던걸, 뭐. ㅋㅋㅋ

> 나 네 문자에 대꾸하기 싫으니까, 문자 보내지 마!

고은이는 저 멀리 있는 성진이에게 직접 가서 따지고 싶은 심정이었지만, 안전띠를 풀 수도 없고 버스는 달리는 중이니 현장학습 장소에 가서 어디 두고 보자는 마음이었다.

> 나 문자 무제한이다.

> 답변이 없는 거 보니 사귀는 거 맞구나?

> 최고은&김우민 최강 커플 탄생!

고은이는 계속되는 문자에 음악을 들을 수도 없고, 짜증이 나서 핸드폰을 비행기 모드로 바꾸어 버렸다. 이름처럼 성질 고약한 녀석이 어떻게 번호를 알아서 문자 테러를 하는지,

한숨이 절로 나왔다.

"자! 과학관에 도착했어요. 이제부터는 팀별로 정한 주제대로 견학을 할 거예요. 한 친구도 소외되지 않게 함께 다니면서 모둠 미션을 완수하고, 12시 30분에 정문에서 다시 만나요."

고은이와 인내, 사랑이는 같은 모둠이었다. '과학의 흐름'이라는 주제로 과학의 발전과 과학자의 업적에 대해 알아보기로 미리 토의를 하였고, 여섯 명이 하나의 주제를 다시 나누어 조사하기로 하였다.

이곳저곳을 돌아다니며 조사를 하다 남자아이들 모둠을 만났다. 짜증 나는 한성진과 까불이 이재진, 김우민이 속해 있는 모둠이었다.

"야! 최고은. 너 왜 내 문자에 답 안 하냐?"

"내가 왜 네 문자에 답해야 하는데? 나 네 번호 차단했으니까, 나한테 문자하지 마. 계속 그러면 너 가만히 안 둘 거야!"

"가만히 안 두면? 가마니 뒤집어쓰게? 낄낄낄."

옆에서 한술 더 떠 재진이가 더 얄밉게 굴었다. 그러더니 우민이의 등을 떠밀며 성진이는 우민이까지 괴롭혔다.

"야! 둘이 잘해 봐라. 마침 과학관 데이트도 할 수 있겠는데? 하하하."

"어휴, 저걸 그냥!"

입술을 깨물며 인내가 나서려고 하자, 사랑이가 인내를 잡아끌었다.

"우리가 반응을 보이면, 쟤들은 더 재미있어서 자꾸 괴롭힐 거야. 우리 그냥 조용히 다른 곳으로 가자."

"휴, 1년에 한 번 있는 현장 체험 학습인데, 한성진 때문에 지옥 체험 학습이 되겠어."

여자아이들은 고개를 절레절레 흔들며 자리를 떠났다.

성진이와 재진이는 이리저리 돌아다니는 것이 슬슬 귀찮아지기 시작했다.

"야! 언제까지 돌아다닐 거야? 나 다리 아파! 재진이랑 난 여기에서 조사한 거 정리하고 있을 테니까, 너희는 가서 조사 좀 해 와라."

우민이와 다른 남자아이들은 인공지능이나 로봇 등 과학에 관심이 많아서, 여기저기 탐색하고 만져보고 체험해 보느라 정신이 없었다. 특히, 로봇 댄스와 가상현실 체험은 마치 영화를 보는 것 같았다.

성진이와 재진이는 구석진 곳을 찾아 가방을 내려놓고 털썩 주저앉았다.

"재진아, 우리 손안의 첨단 과학을 꺼내 볼까? 우리의 과학 레벨을 업 시켜야지?"

그러곤 게임을 시작했다. 성진이의 게임 실력은 정말 대단했다. 재진이는 몇 판을 해도 못 올릴 레벨을 성진이는 정말 쉽게 레벨 업 시켜 천재 같이 느껴졌다.

한참이 지났을까? 이곳저곳을 둘러보며 조사가 끝난 우민이가 둘을 발견하고 다가왔다.

"야! 너희 조사 안 해? 이제 곧 다시 모일 시간이야!"

"우민아, 우리 조사 다 끝나서 이렇게 쉬는 거거든? 잘 모르면 가만히 좀 있어라! 12시 30분까지 갈 테니 먼저 가 있어."

우민이는 공격적이고 말이 거친 성진이와 재진이를 당해 낼 수 없을 것 같아 몸을 돌려 정문으로 향했다. 우민이는 정문 근처에 앉아 다른 아이들이 오기를 기다리고 있었다.

그때, 고은이네 모둠 아이들이 우민이를 발견하고는 "왜 혼자 있냐?"며 안쓰러워 몇 마디 말을 걸었다. 우민이는 그냥 말없이 씩 웃고만 있었다.

"톡톡! 톡톡!"

"누가 보냈지?"

과학관에서 많이 걸어 피곤한 고은이는 엄마를 졸라 오늘은 학원을 빠지기로 했다. 집에 돌아오자 스마트폰에서 톡톡이 계속 울렸다.

"이게 뭐야?"

열어 보니 성진이였다. 고은이가 문자에 답이 없자 이번에는 톡을 보내기 시작했다.

고은이가 무시하고 톡방을 나가려는데, 사진 한 장이 올라

왔다. 아까 정문에서 우민이와 고은이네 모둠 아이들이 이야기하는 모습 같았다. 그런데 자세히 보니 그 사진을 수정해 '고은♡우민'이라는 글귀가 담긴 스티커가 붙어 있었다.

"이게 정말!"

화가 머리끝까지 난 고은이는 바로 전화를 할까 하다가, 모둠 친구들에게 도움을 청하기로 했다.

'최고은 님이 서인내, 나사랑 님을 초대하였습니다.'

문구가 뜨자, 잠시 후 성진이가 이에 질세라 같은 모둠 남자아이들을 불렀다.

'한성진 님이 이재진, 김우민 님을 초대하였습니다.'

의도하지 않았던 남자 셋, 여자 셋의 톡방이 만들어지고 말았다. 여자 친구들의 힘을 빌려 욕 한마디 써 주고 나가려던 고은이의 계획이 뒤틀리고 말았다.

성진이가 단톡방에 글을 올렸다.

 하이, 난 최고은한테 줄 사진이 있어서 사진 한 장 전송했는데, 고은이가 너희랑 친하게 지내고 싶나 봐. 서로 자기소개 좀 하지?

고은이는 난감해졌다. 성진이가 자기에게만 보낸 그 창피한 사진을 친구들에게 보여 주며, 이 사진 때문에 화가 나서 너희를 초대한 거라고 설명할 수가 없었다. 고은이는 사진이 전송되어서는 안 된다는 생각에 아무렇지 않은 척 톡을 올리고 단톡방에서 나와 버렸다.

> 얘들아, 오늘 힘들었지? 성진이가 나한테 인사를 하길래. 내가 너희를 초대했더니, 성진이가 재진이와 우민이를 초대했네. 다들 피곤할 텐데 잘 쉬어. 자세한 얘기는 내일 학교에서 할게. 미안해, 인내야, 사랑아.

그런데, 잠시 후 또 고은이에게 톡이 왔다. 성진이가 다시 단톡방에 초대한 것이다. 화가 난 고은이가 감정을 담아 글을 올렸다.

 최고은, 네가 단톡 열어 놓고 나가면 어쩌냐?

> 야! 한성진. 내가 내일 학교에서 얘기하자고 했지? 그만 좀 하시지?

그러더니 그 단톡방에 '우민이랑 가깝게 지내길래 보기 좋더라고, ㅎㅎ.' 하면서 그 사진을 다시 올렸다. 결국, 친구들은 모두 성진이가 찍은 사진을 보게 되었다.

그만하라고!!

 5학년 3반 커플 탄생 츄카!

고은이는 울고 싶은 심정이었다. 인내와 사랑이도 어이가 없는지 대꾸가 없었다. 재진이만 신이 나서 장난말로 대답했다. 잠시 후 우민이가 단톡방에서 나가자, 고은이도 한 줄 올리고 나와 버렸다.

한성진! 너 같은 애 정말 재수 없어.

화가 머리끝까지 나서 정말 폭발해 버릴 것만 같았다. 학급회장으로서 혼자 있는 친구에게 말 한마디 건넨 것을, 저렇게 보란 듯이 사진을 찍어서 헛소문이나 내는 성진이에게 당장에라도 달려가서 한 대 패 주고 싶은 심정이었다. 무엇보다도 그 사진을 누구에게 얼마나 뿌리고 다닐까 싶어 내일 학교 갈 일이 걱정이었다.

'남자애들이 그 사진을 보고 다들 수군거릴 텐데. 난 어쩌면 좋아. 차라리 전화로 한마디 할걸, 왜 인내랑 사랑이까지 초대해서 단톡방에서 사진을 보게 했을까? 너, 한성진 두고 보자. 이 최고은이 가만히 두지 않을 거야!'

화도 나고 걱정도 되어서 고은이는 잠을 제대로 잘 수 없었다.

다음 날 아침, 일찍 학교에 도착한 고은이는 성진이가 오기만을 기다렸다. 9시 종이 울리고, 아침 독서 10분이 시작되었다. 그때까지도 성진이는 오지 않았다. 9시 10분 1교시 국어 수업이 시작되려 할 때, 그제야 헐레벌떡 교실 문을 밀어제치고 성진이가 들어왔다.

'어이구, 네가 뭘 잘하겠니? 지각 대장에 늘 수업 시간에 지적이나 받고, 놀리고 장난치는 데나 우등생이지. 흥!'

고은이는 성진이가 자리에 앉을 때까지 째려보며 마음속으로 이를 갈고 있었다. 1교시를 마치고 선생님이 교실을 잠시 비우자, 고은이는 팔짱을 끼고 성진이에게 다가갔다.

"야! 한성진. 너 그 사진 누구한테 얼마나 보냈어? 너 그거 사생활 침해인 거 알지?"

"사생활? 얼~ 사생활이래. 그럼 둘이 진짜 사적으로 뭔가 있는 사이인가 봐!"

"뭐라고?"

고은이는 화가 나서 자기도 모르게 성진이의 멱살을 잡았다. 순간 교실에 있던 아이들 모두가 고은이와 성진이를 쳐다보게 되었다. 발 빠른 사랑이가 와서 고은이를 진정시키며 둘을 말리기 시작했다.

"고은아! 아무리 화가 나도 이건 아니야. 어서 손 놔."

성진이는 실실 웃으면서, 재밌어 죽겠다는 듯 넉살까지 부리며 약을 올렸다.

"그래, 어디 한번 쳐 보시지?"

"야! 한성진. 내가 너한테 뭘 잘못했니? 도대체 나한테 왜 이러는 거야, 어?"

고은이는 그만 참았던 분노와 억울함이 눈물로 터져 나오기 시작했다. 옆에서 지켜보고 있던 인내도 더는 참을 수가 없어서 성진이에게 같이 따지기 시작했다.

그러자 이번엔 재진이가 성진이의 편을 들며 막고 나섰다.

"야! 사진 한 장 찍은 거 가지고, 무슨 범죄자 취급하냐? 네가 무슨 연예인도 아니고, 성진이 멱살은 왜 잡아?"

"야! 너희가 어제 고은이한테 문자로 계속 괴롭히고, 사진 찍어서 톡톡으로 보내서 약 올렸잖아! 잘못했으면 미안하다고 사과나 할 것이지, 뻔뻔하게 친구 편이나 들고. 그게 남자들의 의리냐?"

인내의 한마디에 재진이도 지지 않고 대꾸하며 말싸움이 계속되었다.

"너는 웬 참견이셔. 네 사진 찍은 것도 아니고, 너는 그냥 최고은이 톡방에 초대해서 보게 된 거잖아. 넌 좀 빠져라. 아무 데나 나대지 말고!"

"뭐? 나댄다고? 너 말 다 했냐?"

그때 선생님이 교실로 들어왔다.

"얘들아, 무슨 일이니?"

아이들은 모두 흩어져 자기 자리로 돌아가고, 고은이는 자기 자리에 엎드려 엉엉 울고 말았다. 말싸움했던 재진이와 인내도 얼굴이 뻘겋게 달아올라 자리에 앉아 숨을 고르며 선생님의 눈치를 보았다. 누가 무슨 말을 어떻게 꺼내야 할지 몰라 서로 눈치만 보며 숨죽이고 있었다.

"고은아, 무슨 일이니? 고은인 교실에 남고, 다른 사람들은 2교시 체육 수업을 체육관에서 한다니까, 모두 질서 있게 이동하도록 해."

고은이는 눈물을 닦으며 진정하려고 애를 썼다. 선생님 앞에서는 그래도 멋진 회장의 모습을 보이고 싶었다. 고은이는 잠시 화장실에 다녀오겠다고 얘기하고 빨개진 눈을 찬물로 진정시키고 돌아왔다.

선생님은 선생님 자리 옆에 있는 의자에 고은이를 앉히고, 천천히 이야기를 들었다. 고은이는 친구들이 없는 조용하고 따뜻한 교실에서 햇볕보다 더 따뜻한 선생님의 위로를 받으며, 마음속에 있던 이야기를 후련하게 다 털어놓았다. 이야기를 하다 보니 고은이는 또다시 눈물도 나고, 화도 나고, 억울하기도 한 여러 가지 감정이 올라왔다.

이야기를 다 들은 선생님이 새로운 제안을 했다.

"고은아, 고은이가 얼마나 속상하고 괴로웠을지 선생님도 그 마음이 이해된단다. 그런데, 다른 사람과 함께 살아가는 세상에서는 사람 때문에 힘들고 괴로운 일들이 참 많아. 이 사건을 계기로 너의 감정과 친구들의 감정에 대해 공부해 보지 않을래?"

"네? 감정…… 공부요?"

"응, 감정 공부. 고은이는 무엇이든 다 잘하고 최선을 다하지? 공부도, 운동도, 또 친구 관계도. 그러니 친구들의 인정을 받아 회장도 되었겠지. 그런데 모든 것이 다 1등이어도 사람을 이해하지 못하면 이 세상을 살아가기 무척 힘들어진단다. 성진이와 재진이의 말과 행동에 많이 화가 나겠지만, 혹시 어떤 이유가 있지는 않을까? 또, 그 일을 같이 당하고 있는 우민이 기분은 어떨까? 궁금하지 않니?"

그건 그랬다. 고은이 자신은 이렇게 화가 나고 눈물도 나는데, 우민이는 왜 가만히 참고만 있고, 성진이는 도대체 자신에게 왜 이러는지 정말 궁금했다.

"네, 선생님 해 보고 싶어요. 그런데 선생님과 1:1로 하는 건가요?"

"아니, 사람과의 갈등은 1:1 상담으로 쉽게 해결될 수가 없어. 이 일에 관련된 친구들에게도 함께 참여해 보도록 권

할 생각이야."

"그러면 한성진과 마주 앉아서 이 이야기를 꺼내고 나누게 된다는 거예요? 으, 생각만 해도 끔찍하고 싫어요."

"그래, 그럴 거야. 나를 힘들게 하는 그 친구와 함께 앉아서 이야기를 나눈다는 것이 쉬운 일은 아니지. 하지만 네가 알지 못했던 감정을 알게 되는 놀라운 일이 생길 거야."

고은이는 잠시 망설여졌다. 그래도 선생님의 감정 공부 제안에는 '뭔가 비밀이 담겨 있지 않을까?' 하는 생각도 들고, 이참에 실컷 따져야겠다는 생각도 들어 마음을 굳혔다.

"네! 선생님 해 볼게요. 감정 공부!"

종례 시간, 알림장을 쓰고 책가방을 정리하는 아이들에게 선생님이 아침에 있었던 일에 대해 이야기했다.

"오늘 아침, 친구들끼리 다툼이 있었죠? 자세한 이야기를 들어 보고 서로 대화할 시간이 필요한 것 같아요. 그 일에 대해 친구들과 대화가 필요한 사람들은 잠깐 이야기를 나누고 가기로 해요. 모두들 오늘도 고생했어요. 내일 만납시다!"

아이들은 서로 인사하며 급히 교실 문을 나섰다. 하지만 몇몇 아이들은 남아야 하나 말아야 하나 쭈뼛거리며 가방끈을 만지작거리고 서 있었다. 선생님은 교실에 남게 된 여섯 명의 아이들에게 가방을 내려놓고 의자를 가지고 앞으로 오라며 손짓했다.

 어제 단톡방에 초대되었던 남자 셋, 여자 셋이 남았다. 선생님은 아이스티를 한 잔씩 건네주며 이야기를 시작했다.

 "얘들아, 어제 있었던 사진과 문자로 인해 서로 마음이 많이 상한 것 같은데, 선생님은 누가 잘했다, 잘못했다 하면서 이 사건을 당장 해결하고 싶은 마음은 없어. 너희의 감정 문제니까 함께 이야기를 나누며 서로를 이해하는 시간이 필요한 것 같구나. 아침에 일어났던 일은 고은이에게 들었어. 물론 고은이의 입장만 들었기 때문에 선생님은 이 사건에 대해 잘 모르는 것이 많아서 너희를 판단할 수도 없단다. 다만, 선생님은 너희에게 새로운 제안을 하나 하려고 해."

 아이들은 혼날까 봐 걱정했던 마음이 누그러지면서 안도의 눈빛으로 선생님 얼굴을 더 집중하여 쳐다보았다.

 "음, 앞으로 함께 모임을 해 보려고 해. 서로의 감정에 대해서 이해하고 공부하는 시간을 갖는 거야. 일주일에 한 번,

6주 동안 이야기도 나누고, 연습도 하면서 감정 공부를 하게 될 거야. 물론 지금 당장 사과를 받고 용서를 하면서 이 사건을 끝낼 수도 있지. 하지만 사람의 감정이라는 것이 그렇게 쉽게 해결되고 없어지는 것이 아니거든? 그래서 우리에게는 서로의 감정을 이해할 시간이 필요한 거야. 매주 수요일은 다른 날보다 한 시간 일찍 끝나는데, 그 시간에 다른 일정을 조정해서라도 모이면 어떻겠니? 장소는 우리 교실이야. 물론 선생님도 다른 일을 하지 않고 너희와 함께 이야기를 나눌 거고."

아이들은 별다른 말 없이 고개를 끄덕였다.

"내일이 수요일이네. 그럼 우리 내일부터 시작해 볼까, 괜찮겠니?"

"네."

"괜찮아요."

"내일은 학원에 늦게 가요."

모두들 동의하는 분위기였다.

"그래. 그럼 오늘 있었던 일에 대해서 부모님께 말씀드리고, 내일 다시 만나자. 선생님도 부모님께 양해를 구하도록 할게. 알겠지?"

성진이와 재진이는 집으로 돌아가면서 감정 공부에 대해 이야기를 나누었다.

"휴, 나 아까 엄청 긴장됐었다. 혼날 줄 알았는데, 선생님이 다른 방법으로 우리를 가르치시려나 봐."

"그러게, 설마 6주 동안 우리 계속 혼나는 건 아니겠지? 히히."

재진이는 혼날 걱정을 하면서도 그 와중에 장난을 쳤다. 성진이와 재진이는 집으로 가는 발걸음이 가벼웠다.

비밀 감정 수업

　수요일 수업이 모두 끝난 후 선생님은 다시 여섯 명의 아이들을 한자리에 불렀다. 선생님은 이 모임은 '감정 공부'를 위한 모임이라며 몇 가지 원칙을 제시했다.
　"감정 공부에서 가장 기본이 되는 것은 바로 서로의 감정을 솔직하게 표현하는 거야. 그래서 이 모임에서 나눴던 이야기는 절대 다른 사람에게 해서는 안 돼. 또, 모임에서 생겼던 나쁜 감정을 모임 밖으로 이어가 싸워서도 안 된단다. 그렇게 하는 이유는 서로의 감정을 존중하고 비밀을 지켜 주기 위해서란다. 이 약속이 깨진다면 우리 모임은 유지될 수 없을 거야. 서로의 감정을 솔직하게 표현할 수 있도록 약속을 지키도록 하자. 할 수 있겠지?"

"네!"

선생님은 먼저 그림 한 장을 보여 주었다. 종이에 테두리만 그려진 그림이었다. 다음 그림은 같은 그림이 알록달록 예쁘게 색칠된 그림이었다.

"이 두 장의 그림에 차이점이 있을까?"

"네, 한 장은 색이 없고, 한 장은 색이 칠해져 있어요."

"그래, 맞아. 같은 그림인데 색이 있고 없고의 차이만 있지. 사람의 감정이라는 것은 이처럼 우리의 삶을 화려하게 만드는 색깔 같은 것이란다. 그럼 너희가 알고 있는 감정의 종류를 얘기해 볼까?"

"기쁘다"

"화난다"

"무섭다"

"슬프다"

"행복하다"

"억울하다"

아이들은 너도나도 자기가 알고 있는 감정에 대해 하나둘 꺼내었다. 말없이 듣고만 있는 우민이에게 선생님이 질문을 던졌다.

"우민이는 지금 감정이 어때?"

"……."

우민이는 씩 웃으며 아무 말도 하지 않았다.

"혹시 선생님과 함께 있어 불편하고 괴롭니?"

"아니요. 편안해요."

우민이가 겸연쩍은 듯 씩 웃으며 고개를 들고 대답했다.

"그래. 얘들아, 이처럼 아무 감정이 없는 듯 보여도 '편안하다, 떨린다, 우울하다, 불안하다' 같이 드러나지 않는 감정도 있단다. 대부분의 사람은 자기의 감정 중에서 드러난 감정에 주목하게 되지. 그 대표적인 감정이 바로 '화'란다. 그런데 화는 불처럼 어떻게 사용하느냐에 따라 좋을 수도 나쁠 수도 있어. 너희는 화라는 감정에 대해 어떻게 생각하니?"

"저는 화라는 감정이 너무 힘들어요. 화가 나면 그 기분이 너무 오래 가서 하루 종일 그 감정에 빠져 있는 것 같아요."

고은이가 어제 자기의 경험을 떠올리며 이야기를 꺼냈다.

"저는 화가 잘 안 나요. 화를 별로 내 본 적이 없어요. 그냥 늘 즐거운 것 같아요."

늘 기분이 좋다는 재진이가 말했다.

"야, 이재진! 너 어제 나한테 화냈잖아?"

옆에 있던 인내가 핀잔을 주며 끼어들자, 선생님은 다시 말을 이어 갔다.

"우린 우리도 모르는 사이에 화를 내기도 하고, 또 화가 나 있는데 그걸 못 느끼기도 한단다. 화라는 감정은 자신과 사랑하는 사람을 지키게도 하지만, 자신과 타인을 해치게도 하는 불과 같은 도구야. 그럼 쉽게 이해하기 위해 불의 장단점에 대해서 한번 생각해 볼까? 불의 장점은 뭐가 있니, 어떤 점이 우리에게 도움이 되지?"

"불은 우리가 추울 때 따뜻하게 해 줘요."

고은이가 먼저 이야기를 꺼냈다.

"불이 없으면 음식을 요리할 수가 없어요. '정글의 법칙'을 보니까 불을 피우는 게 가장 우선이더라고요."

성진이가 웃으며 이야기했다.

"불은 어두울 때 빛을 밝혀 주기도 해요."

"오오~."

우민이가 조용히 이야기하자 아이들은 우민이를 치켜세워 주었다.

"그래 맞아. 그러면 불의 단점이랄까, 위험한 점은 뭐가 있을까?"

"잘못 쓰면 사람이 죽을 수도 있어요. 인명 피해가 나죠."

사랑이가 말했다.

"맞아요. 늘 조심하고 주의해야 해요. 사람이 죽지 않더라도 화상을 입거나 상처를 남길 수 있어요. 그래서 우리 가족은 숯불갈비 집에 갈 때면 엄마가 식당에서 돌아다니지 말고 조심하라고 잔소리를 하세요."

인내가 차분하게 자기의 경험을 이야기하자, 아이들 모두 수긍하며 고개를 끄덕였다.

"그래, 너희 말이 다 맞아. 불은 음식을 만들거나 추위를 느낄 때 꼭 필요한 것이지만, 잘못 쓰면 사람이 다치거나 죽게 할 수도 있단다. 이처럼 화라는 감정도 나를 지키고 안전하게 보호하는 도구이기도 하지만, 잘못 표현하면 싸움이 일어나거나 서로가 큰 상처를 주고받게 되는 위험한 감정이기도 해."

"그러면 선생님, 화라는 감정을 없애면 안전한 건가요? 어른들의 대화를 듣거나 드라마를 보면 화내는 장면이 무척 많이 나오잖아요. 그 화라는 감정이 좋기도 하고 나쁘기도 하다는 말씀이시죠?"

"그렇지. 화뿐만 아니라 다른 감정들도 다 장단점을 가지고 있단다. 그 감정을 알아차리고 이해하면 그 감정을 조절하고 활용할 수 있어. 이것은 마치 불을 잘 다루는 것과 같은 거야. 어른들은 불을 아주 잘 사용하지? 안전하게 고기를 굽고 요리를 하잖아? 그것처럼 감정을 잘 알고 활용하는 사람을 '정서 지능'이 높다고 표현해. 마치 머리가 좋고 똑똑한 친구를 보고 'IQ가 높은가 봐?'라고 말하는 것처럼 사람에게는 감정을 잘 이해하고 활용하는 정서 지능도 있단다."

"와, 정말요? 사람에게 정말 그런 지능도 있어요? 저는 IQ는 낮은 거 같은데, 정서 지능은 높을 수도 있겠네요."

성진이는 정서 지능이라는 이야기에 귀가 솔깃했다.

"그래, 성진아. 그럴 수도 있지. 성진이는 그동안 화라는 감정에 대해 어떻게 느꼈니?"

"음, 저는 동생이랑 다툴 때 많이 느꼈던 것 같아요. 또, 제가 학교에서 잘못해서 선생님께 전화가 오면 엄마가 저에게 화를 많이 내셨어요. 그럴 때는 저도 저 자신에 대해 많이 화가 났던 것 같아요. 주로 안 좋은 상황일 때네요."

쑥스럽게 자기의 속 이야기를 꺼내자, 그 모습을 지켜보던 고은이는 성진이가 왠지 측은하게 느껴졌다.

"저는 놀이터에서 놀고 있는데, 어떤 아이가 저에게 모래를 던져서 '야! 하지 마. 계속 모래 던지면 나도 가만히 안 있을 거야.' 하고 화를 냈더니, 그 자리에서 도망가더라고요. 그땐 좀 통쾌했죠, 하하."

재진이답게 웃으면서 화낸 경험을 이야기했다.

"저는 이상하게 친구들과 있을 때는 화가 안 나는데, 집에만 가면 엄마와 동생에게 짜증이 나요. 그러면 엄마도 저에게 화를 내게 되고, 저는 또 동생한테 화풀이하게 되고요. 사랑하는 가족한테 더 잘해야 하는데……."

인내가 말을 마치자 학교에서 전혀 볼 수 없었던 인내의 모습에 고은이와 사랑이는 동시에 두 눈을 동그랗게 뜨고 서로를 쳐다보았다.

"선생님, 여기서 이야기하는 건 정말 비밀로 지켜지는 건가요?"

이번에는 우민이가 차분하게 물었다.

"그럼, 서로가 비밀을 지켜 주기로 약속하고 시작했잖아. 선생님은 모두들 그럴 거라고 믿어. 너희도 그렇지?"

아이들 모두 고개를 끄덕였다.

"저는 엄마 아빠가 화내고 싸우는 모습을 많이 봤어요. 그 때문에 지금은 사이가 안 좋아져서 잠시 떨어져 살게 되었고요. 그래서 저는 화를 내는 게 두렵고 떨려요. 화를 내면 가족이 더 멀어질 것만 같아요."

울먹거리며 말을 마치는 우민이를 보자, 늘 까불대던 재진이도 충격을 받은 듯 할 말을 잃고 가만히 숨죽여 쳐다보았다. 성진이도 굳은 표정으로 친구들의 표정을 살피며 차분하게 듣고 있었다.

선생님은 우민이의 이야기를 들으며 아이들의 표정과 감정을 읽고 다시 말을 이어 갔다.

"그래, 너희에게 화라는 감정은 어렵고 힘든 것이었구나. 하지만 재진이처럼 내 몸을 보호하기 위해서 화를 냈더니 통쾌하기도 했었고……. 오늘 우리가 나눈 이야기처럼 화라는 감정은 좋은 면도 있고, 나쁜 면도 있는 복잡한 감정이란다. 이제 일주일 동안 오늘 나누었던 이야기를 생각하면서 화라는 감정에 대해 알아차리고, 느끼고, 생각해 보면 좋을 것 같아. 그리고 일주일 후에 다시 만나서 그다음 공부를 해 보도록 하자. 알겠지?"

"네, 선생님."

집으로 돌아가면서 고은이는 혼란스러웠다. 처음에는 감정 공부라고 해서 서로 미안한 마음을 나누고 표현하는 방법을 배우는 건가 싶었는데, 서로의 감정을 나누고 나니 이상하게도 말로 표현할 수 없는 묘한 감정이 들었다. 그 밉던 성진이가 안쓰럽기도 했고, 그동안 말없이 조용했던 우민이가 이해되기도 했다. 또, 늘 내 편을 들어주고 맞장구쳐 주는 인내가 집에 가서는 화를 낸다니 상상이 되질 않았.

'이런 게 다 감정 공부인 긴기?'

생각에 잠겨 걷다 보니 어느새 집에 도착했다.

성진이는 화가 무조건 나쁜 것만은 아니라는 것을 알고 나니 마음도 가볍고, 발걸음도 가벼워졌다.

집에 도착하니 동생이 블록을 쌓으며 놀고 있었다. 평소와 달리 기분 좋게 동생에게 한마디 건네었다.

"우진아, 블록 잘 만들었네?"

"어, 형 왔어!"

"형이 오늘 학교에서 화라는 것에 대해 배웠거든? 그런데 화가 꼭 나쁜 것만은 아니래."

성진이의 엉뚱한 말에 동생은 엄마에게 쪼르르 달려갔다.

"엄마, 형이 이상한 소리를 해. 화가 꼭 나쁜 건 아니래."

"성진아, 첫 감정 공부가 어땠니? 즐거웠어?"

"응, 엄마 재밌었어요. 근데 뭐 대단한 건 아니고, 화내는 게 꼭 나쁜 건 아니래요."

성진이는 엄마의 질문에 시큰둥하게 대답했다.

"그래, 맞다. 성진아! 화가 꼭 나쁜 건 아니지. 우리 성진이가 하루 만에 어른이 된 거 같네. 선생님께 많이 배워서 와!"

엄마는 기분 좋게 성진이를 격려해 주었다.

동생이 쌓아 올린 블록을 보니 오랜만에 같이 쌓고 싶은 마음이 들었다. 성진이는 동생과 한참 같이 놀다가 실수로 동생이 쌓아 올린 블록을 쓰러뜨렸다.

"엄마, 형이 내 블록 쓰러뜨렸어!"

동생은 바로 가서 엄마에게 고자질했다.

"야! 내가 일부러 그런 것도 아닌데, 넌 또 엄마한테 가서 이르냐? 이 나쁜 녀석아!"

성진이는 또 욱해서 동생 머리에 꿀밤을 한 대 날렸다. 이 모습을 본 엄마는 감정이 오르락내리락하는 성진이를 보며 화를 버럭 냈다.

"넌 하루라도 동생이랑 안 싸울 수는 없니?"

성진이는 화가 나서 농구공을 들고 밖으로 나와 버렸다. 식식거리며 밖으로 나온 성진이는 놀이터 벤치에 앉아 생각에 잠겼다.

'감정? 공부해도 잘 모르겠어. 난 이렇게 억울한데, 엄마는 나한테 화만 내잖아. 감정 공부는 우리 엄마가 해야 한다고!'

성진이는 빈 농구 골대를 향해 계속 슛을 날렸다. 오늘따라 골도 잘 들어가지 않았다.

오르락내리락 감정 수업

01

감정이란 무엇일까?

여러분도 매일 수많은 감정을 느끼며 살아갈 거예요. 누구나 좋은 일, 나쁜 일, 슬픈 일, 짜증 나고 답답한 일을 겪게 되지요. '신난다, 행복하다, 편안하다'와 같은 긍정적 감정만 느끼고 사는 사람은 아마 없을 거예요.

그런데 이 감정은 우리 삶을 아름답게 만들기도 하지만, 감정에 휘둘리면 오히려 삶을 어렵게 만들기도 해요. 그래서 감정 공부가 필요해요. 감정 공부는 **이미 우리 안에 있는 감정을 알아차리고, 이해하며, 활용하고, 조절하는 힘을 키우는 것**으로 심리학자들은 이런 힘을 '정서 지능'이라고 한답니다.

— 정서 지능의 4요소 —

2단계
감정 이해하기
차례가 다가오니 긴장되고 떨려.

3단계
감정 활용하기
떨리는 마음을 원고에 집중하자.

1단계
감정 알아차리기
심장이 쿵쾅쿵쾅 뛰네.

4단계
감정 조절하기
잘해야 한다는 생각 때문에 더 떨리는 것 같아. 상을 타거나 혼나는 것도 아니잖아. 편하게 생각하자.

발표할 차례를 기다리는 중

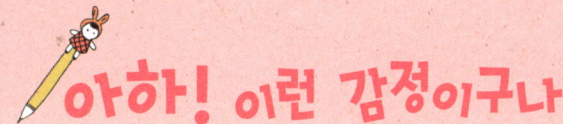# 아하! 이런 감정이구나

다음 상황은 정서 지능의 4요소 중 어느 것인가요?

① 알아차리기   ② 이해하기   ③ 활용하기   ④ 조절하기

상황	정서 지능
기분이 좋을 때면 노래를 부르거나 일기를 쓴다.	
생일 파티에 초대 받지 못해 눈물이 핑 돌았다.	
동생이 울고 있어 이유를 물으니, 엄마에게 혼났다고 했다.	
친구 때문에 너무 화가 나서 심호흡을 하며 화를 가라앉혔다.	
등교하니 담임선생님의 표정이 좋지 않아 보였다.	
속상하고 화가 나면 운동장에서 운동을 한다.	
오늘 승진하신 아빠는 기분이 좋아 보인다.	
모둠 친구들이 활동에 집중하지 않아, 조금 화난 표정으로 감정을 표현했다.	
기분이 아주 좋을 때는 자주 실수를 해서 흥분을 가라앉히려고 애쓴다.	

정답 ③, ①, ②, ④, ①, ③, ②, ③, ④

　벌써 일주일이 지났다. 반 아이들도 기대했던 현장학습이 끝나고 나니, 오히려 차분해진 분위기다. 평소처럼 쉬는 시간에 모여 수다도 떨고, 학교가 끝나면 학원 가고, 숙제하고, 평범한 일상의 연속이었다.

　고은이와 성진이의 일 이후로 반에서는 SNS 사용에 대해 선생님과 토론을 나누기도 했다. SNS 사용의 좋은 점과 나쁜 점에 대해 이야기도 나누고, 스마트폰 예절도 배웠다.

　성진이도 미안했는지, 고은이에게 조심스럽게 대하는 듯했다. 어찌 보면 수요일 비밀 감정 수업 때문에 더 말을 아끼고 조심하는 것 같기도 했다.

　수요일 수업이 끝나자 여섯 명의 아이들은 자기의 1인 1역 봉사를 마치고, 다시 동그랗게 둘러앉아 한 주 동안의 일들을 이야기하기 시작했다.

　"그래, 한 주 동안 너희 감정에는 어떤 변화가 있었니? 요즘 날씨처럼 오락가락 변덕쟁이였니?"

　선생님은 웃음으로 비밀 상담을 시작했다. 먼저 성진이가 흥분된 목소리로 이야기를 꺼냈다.

　"선생님, 저는 지난주 상담을 하고 집에 가서 너무 혼란스러웠어요. 저는 동생하고 잘 지내려고 했고, 엄마에게 칭찬도 받았어요. 그런데 억울한 일로 동생이 저를 고자질하자 무척 화가 나더라고요. 그래서 저도 모르게 그만 동생을 한 대 때렸어요. 그랬더니 엄마는 또 저만 나무라시는 거예요."

　"저런, 그런 일이 있었구나. 어떤 억울한 일이 있었는지 얘기해 줄래?"

　"집에 가서 동생이랑 잘 지내고 놀아보려고 같이 블록을 쌓으며 시간을 보내다가, 실수로 블록을 무너뜨렸어요. 그러자 동생이 엄마에게 달려가 제가 쓰러뜨렸다고 고자질을 하잖아요. 일부러 그런 것도 아닌데, 엄마는 그 이야기를 듣고는 확인도 안 해 보고 또 저만 혼내셨어요. 전 너무 화가 나서 동생에게 꿀밤을 때렸어요. 그 모습에 엄마는 저에게 더 화를 냈고, 저도 화가 나서 밖으로 나가 버렸어요. 선생님은 분명히 화가 나쁜 것이 아니라고 하셨는데, 저는 그게 이해가 안 돼요. 동생과 엄마에게 너무 화가 나서 참을 수가 없었어요. 어떻게 화가 나쁜 게 아니라는 거예요?"

"그래, 성진이가 정말 속상하고 힘들었겠구나. 성진아, 다시 그때 일을 떠올리며 느껴지는 너의 기분과 몸의 반응을 말해 줄 수 있겠니?"

"머리가 빙글빙글 도는 것 같아요. 화가 나서 몸에 열이 나는 것도 같고, 눈물이 날 것도 같아요. 그리고 심장이 빠르게 뛰는 것 같아요."

"그렇구나. 얘들아, 지금 성진이가 느끼는 화난 감정은 누구나 느끼는 감정이야. 너희도 화가 나면 성진이처럼 몸에 반응이 일어났을 거야. 사람들은 화가 나면 싸우거나 폭력을 쓰거나 문을 쾅 닫거나 하면서 자신의 감정을 표현하게 되지. 그런데 화가 났을 때 대부분이 그 화라는 감정을 다루지 못해서 결과가 좋지 않게 끝나는 거야."

"맞아요, 화가 났어도 서로 이야기로 잘 풀어 해결할 수도 있는데, 대부분이 싸우고 소리 지르는 것 같아요."

사랑이가 선생님의 말에 동의했다.

"그래, 맞아 사랑아. 화가 나면 우리 몸속에는 어떤 반응들이 나타나는지 아니? 우리 뇌에는 빨간색 위험신호가 켜지며, 우리의 안전이 위협받고 있다는 판단을 내리게 돼. 불이 나서 급히 신고해야 하는 상황인 거지."

"아! 마치 소방차가 신고를 받고 출동하기 직전의 상황과 같은 거군요?"

재진이가 대답했다.

"그렇지. 뇌는 우리의 몸에 곧바로 명령을 내리게 된단다. 평상시와 다른 급격한 감정 변화로 인해 안전에 문제가 생겼다면, 싸우거나 도망가기 반응(fight or flight)을 준비하게 된단다. 이것을 어려운 말로 교감신경계가 반응한다고 하지. 쉽게 말해, 우리 몸이 흥분 상태가 되는 거야. 심장은 평소보다 많은 피를 근육으로 보내기 때문에 상대적으로 뇌로 가는 피가 적어지게 되어 제대로 된 판단도, 대화도, 문제 해결 방법도 떠오르지 않게 된단다. 그래서 파괴적인 방식으로만 대처하게 되는 거야."

"아, 그래서 화가 나면 머리가 빙글빙글 돌았나 봐요?"

성진이가 씩 웃으며 질문을 던졌다.

"그래, 그런 느낌도 교감신경계가 작동해서 생긴 것이란다. 내 몸이 위급 상황에 처한 것으로 느껴 평소처럼 차분하게 대화로 해결하거나 다른 사람의 이야기를 들어주지 못하게 되지. 심장도 쿵쾅대고, 말도 빨라지고, 모든 신체 기관이 흥분하게 된단다. 성진아! 누가 날 쫓아와서 도망치듯 달리기를 하고 있는데, 어제 읽었던 책의 내용을 이야기해 보라고 하면 어떨 것 같니?"

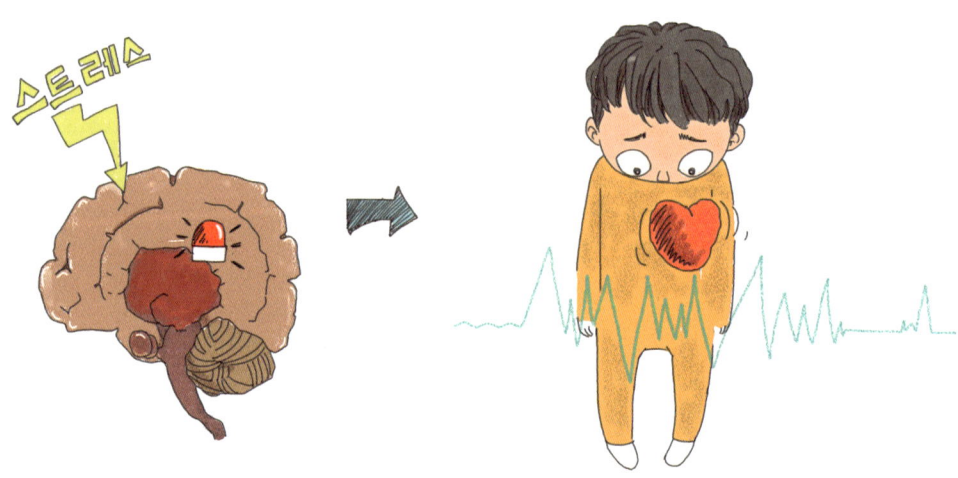

선생님이 성진이에게 물었다.

"아마 '몰라요, 몰라. 지금 급해요.'라고 얘기할 것 같아요."

"그래 맞아. 그것처럼 흥분 상태에서는 정상적인 대처 방법이 잘 생각나지 않아서 감정적으로 대처하게 되고, 말도 함부로 하게 되어 결국 싸움으로 이어지게 되는 거란다."

"그래서 우리 엄마도 화가 나면 저에게 '넌 맨날 그런 식이야.'라는 말씀을 하신 거군요."

성진이가 씁쓸하게 웃으며 자신의 이야기를 꺼내자, 다른 친구들은 안쓰러운 마음으로 성진이를 바라보았다.

"애들아, 성진이가 겪었던 이야기를 들으면서 너희는 어떤 기분이 들었니?"

"저도 성진이의 입장에 공감되었어요. 저라도 무척 억울하고 화가 났을 거예요."

고은이가 성진이를 이해해 주자, 성진이는 더욱 부끄러워졌다.

"네, 저는 동생이 없어서 때리지는 않았겠지만, 사건의 앞뒤를 모른 채 엄마가 저에게만 비난하신다면, 무척 화가 나서 방문을 닫고 들어가 버렸을 것 같아요."

우민이도 성진이의 입장에 공감하며 힘을 실어 주었다. 성진이는 친구들의 공감과 지지를 얻자 마음속으로 기분이 좋아졌다.

"선생님, 저는 좀 달라요. 선생님 말씀도 이해되고 맞지만, 저는 화가 잘 나지 않아요. 제가 성진이였다면 화가 난다고 동생에게 꿀밤을 때리지는 않았을 거예요. 성진이에게 좀 괴팍한 성격도 있는 것 같거든요, 히히."

재진이가 성진이의 비위를 건드리는 농담으로 분위기를 흐리자, 성진이는 재진이에게 벌컥 화를 내었다.

"야, 이재진! 너는 지금 이 상황에서 꼭 그렇게 얘기해야겠냐? 뭐, 괴팍? 내가 괴팍하다고? 진짜 괴팍한 거 보여 줘?"

성진이가 일어나 재진이의 어깨를 밀치자, 선생님이 강하게 제지하였다.

"성진아, 그만! 감정이 상해도 그런 행동으로 표현하는 것은 옳지 않아. 성진이가 그런 행동을 하면 보는 사람들도 감정에 변화가 생겨. 지금 너희 모두 이 상황을 지켜보았을 거야. 모두들 어떻게 느꼈는지 이야기를 나눠 보자."

우민이는 친구에게 폭력을 쓰려고 했던 성진이의 태도에 많이 화가 난 상태이지만, 한편으로는 성진이의 감정이 이해가 된다며 성진이의 편을 들어 주었다. 고은이도 같은 입장이라고 말했다. 하지만 인내는 달랐다. 상담 시작부터 지금까지 침묵을 지키던 인내가 입을 열었다.

"재진이가 괴팍하다는 표현을 쓴 것은 잘못이지만, 친구에게 함부로 하는 행동은 옳지 못한 것 같아요. 그리고 재진이가 말한 것처럼 저도 화가 잘 나지 않아요. 그래서 성진이가 동생이나 친구에게 화를 내는 것이 잘 이해가 되지 않아요. 친구에게 화를 자주 내니까 괴팍하다는 말도 듣게 되는 것 같고요."

화를 내는 친구가 '이해된다'와 '안 된다'로 대립하면서, 친구들 사이의 감정의 골이 깊어지는 것 같았다. 잠자코 지켜보던 사랑이가 조심스럽게 말을 꺼냈다.

"화가 잘 나고 안 나고는 사람에 따라 다른 게 아닐까 싶어요. 저는 서로가 다른 사람의 감정을 이해하고 존중해 주어야 한다고 생각해요. 서로 대립하여 싸우지 말고, 각자의 입장을 이해할 수 있도록 대화로 얘기하고 화해했으면 좋겠어요."

그러자 재진이가 한마디를 던졌다.

"나사랑, 너는 지금 이 상황에서 아무 감정이 없는 거야? 아니면 선생님께 잘 보이려고 착한 척하는 거야? 우리가 무슨 문제가 많은 애들이라서 말싸움을 하는 게 아니잖아?"

재진이가 사랑이에게 공격적인 말을 뱉었다. 다른 아이들도 말은 안 했지만, 재진이의 입장에 동감하는 듯 말없이 굳은 표정으로 아래를 보며 잠자코 있었다.

사랑이도 재진이의 말에 당황스러운 표정이 역력했다. 고은이도 인내도 사랑이랑 친하긴 하지만, 뭐라 두둔해 줄 상황은 아니어서 서로 눈치만 보고 있었다.

"자, 잠시만!"

선생님은 재빨리 대화를 끊었다.

"우리 잠깐 눈을 감고, 지금 화가 나는 상태에서 자기 몸의 반응을 느껴 보자. 어떤 반응이 느껴지니?"

잠시 아이들은 감정을 가라앉히며, 천천히 몸의 반응을 탐색하고 느끼기 시작했다.

"심장이 뛰어요."

"어깨에 힘이 들어갔어요."

"손에 땀이 나요."

"숨이 가빠져요."

"그래, 이제 눈을 떠 봐. 그다음 마음에서는 어떤 일이 일어났지?"

"상대방을 때리고 싶어져요."

성진이가 말했다.

"친구에게 비난을 들으니까 소리를 지르고 싶었어요."

사랑이가 말했다.

"저는 지난번 현장학습 때처럼 화가 나니 친구의 멱살을 잡고 싶었어요."

"저는 말을 하고 싶지 않아요."

우민이가 짧게 대답했다.

선생님은 아이들의 이야기를 충분히 듣고는 화가 났다는 다른 표현도 찾아보자고 했다. 아이들은 화가 났을 때 자신의 모습을 떠올리며 이야기를 시작했다.

인상을 찡그리는 것, 이야기가 듣기 싫어서 적극적으로 딴청을 피우는 것, 비웃는 것 등이 화가 났다는 표현이었고, 말하기 싫고 혼자 있고 싶은 것도 화가 났을 때의 모습이라고 입을 모았다.

"그래, 오늘 너희는 아주 중요한 것을 배웠단다. 화가 좋고 나쁨을 떠나서 화를 건강하게 사용하기 위해서는 자신이 화가 났다는 것을 알아치리는 것이 감정 조절의 시작이란다. 우리는 오늘 이야기를 나누면서 서로 화를 표현하기도 하고, 친구의 화를 이해해 주기도 했어. 앞으로 이 화라는 감정을 조절하는 법을 배우게 될 거야. 자! 한 주 동안의 미션을 줄 텐데, 과연 어떤 것일까?"

선생님은 아이들의 눈빛을 바라보며 웃었다.

"화가 났을 때 어떤 말을 하는지 알아오기?"

"화가 났을 때 내 몸의 상태 알아오기 아닐까요?"

아이들이 제각각 추측한 것을 이야기했다.

"맞았어! 이번 주에는 나와 내 주변 사람들이 화가 났을 때 어떤 말과 행동을 보이는지, 어떤 표현을 하는지 잘 관찰해 보렴. 물론 오늘 상담 시간에 있었던 자신의 반응도 포함해서 말이야. 자, 다들 할 수 있겠지?"

"네~."

아이들은 마치 연극 무대에서 내려온 것처럼 마음이 가벼워졌다. 조금 전에 비난하고, 화를 내고, 편을 들어주던 그 감정은 어디로 간 것일까? 선생님의 말처럼 감정을 이해하고 알아차리게 된 것 같아 신기하고 기대가 되었다.

'화가 났을 때의 반응을 느껴 보라고?'

우민이는 집으로 돌아오면서 아빠와 엄마가 심하게 다투었던 지난겨울을 떠올렸다. 지켜보는 것만으로도 심장이 쿵

쿵대고 무서워서 할머니에게 전화하고 싶었던 그 겨울밤을 다시 마주 하고 싶지 않아 고개를 저었다. 아빠는 크게 소리를 지르고 화를 내셨고, 엄마는 울음을 참지 못해 울면서 말다툼을 했던 그 기억이 아직도 기억 속에 생생했다.

'우리 엄마 아빠가 화를 조절할 수 있었더라면…….'

우민이는 마음 한편에 서늘한 바람이 부는 것 같았다.

오르락내리락 감정 수업

02

감정 알아차리기

우리는 몸에서 보내는 신호를 비교적 잘 알아차려요. 걷거나 뛰다가 다치면 보지 않아도 욱신거리는 아픔을 느끼게 되지요. 또, 몸을 건강하게 유지하기 위해 배고픔과 갈증 역시 잘 알아차려요.

이처럼 몸의 건강을 위해 몸에서 보내는 신호를 잘 알아차려야 하는 것처럼 마음의 건강을 위해서도 감정이 보내는 신호를 잘 알아차려야 하지요. 그럼 어떻게 화를 알아차릴 수 있을까요?

첫째, 몸의 반응을 살펴요. 숨이 가빠지고, 몸에 힘이 들어가요. 또, 인상이 찡그려지기도 하고, 손에 땀이 나기도 하며 위험이나 위협을 느낄 때 나타나는 신체 반응이 나타나요.

둘째, 어떤 생각을 하는지 떠올려요. '아무도 나를 이해 못 해.', '억울해', '다 미워.' 같은 부정적 생각이 든다면 화가 났다고 할 수 있어요.

셋째, 행동을 살펴요. 상대를 때리고 괴롭히거나 반대로 상대와 말을 하지 않는다면 화가 난 거예요.

> 몸과 생각, 행동의 변화를 통해 '화'를 알 수 있어요. 이런 특징은 사람마다 다를 수 있으니, 자신의 특징을 잘 살펴보세요.

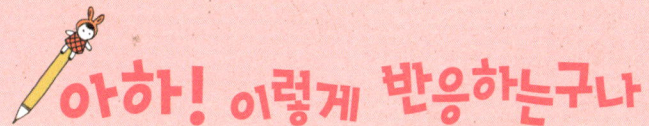 **아하! 이렇게 반응하는구나**

자신과 다른 사람이 화가 났을 때 어떻게 반응하는지 관찰하거나 직접 물어본 후 채워 넣으세요.

	나	친구	부모님
몸의 반응	예) 눈물이 나요.		
생각	예) 다들 나를 싫어한다고 생각해요.		
행동	예) 누구와도 이야기하지 않아요.		

화를 참을 수 없어

    다른 아이들은 모두 한 주 동안 별일 없이 지내는 듯 보였다. 인내는 다른 사람들의 화내는 모습을 관찰하고 지켜보기도 했지만, 왜 집에만 가면 자꾸 화가 나는지 무엇보다 자신의 마음이 궁금했다.

    '사람마다 화가 나는 이유가 다를까? 아니면 화가 나는 장소가 따로 있는 걸까? 왜 하필 나는 집이지? 학교에서는 늘 즐겁고 재미있게 지내는데, 왜 집에서만 화가 나는 걸까?'

    곰곰이 자신의 마음을 살피며 인내는 다음 감정 공부를 기다렸다.

오늘은 감정 공부 세 번째 만남이 있는 날이다. 아이들은 모두 기다렸다는 듯이 의자를 들고 재빠르게 동그랗게 앉았다. 선생님도 그 모습을 보고 기쁘게 웃었다.

"너희는 이 시간이 기다려지니?"

"네!"

"재미있어요."

고은이와 재진이가 대답했다.

"뭔지 모르지만, 제가 좀 달라진 것 같아요."

손가락으로 V자를 하는 성진이의 행동에 아이들은 모두 박장대소하였다.

"전 친구들의 이야기를 들으며, 사람을 이해할 수 있어서 좋아요."

사랑이가 대답하자 모두 감탄사를 연발했다. 사랑이다운 대답이었다.

"어얼~."

"한 주 동안 미션은 잘 수행했니? 화가 날 때 사람들은 어떤 반응을 보였니?"

"대부분이 상대방에게 큰 소리로 화를 내고, 인상을 썼어요."

"놀이터에서 놀던 꼬마들은 나뭇가지나 모래를 집어 던지기도 했고요."

"저희 엄마는 저를 째려보셨어요."

재진이의 말에 모두들 또 한 번 크게 웃었다.

"그래, 잘 관찰했구나. 화가 난 감정을 겉으로 표현하는 말과 행동을 보면서 우리는 상대방이 '아! 화가 났구나.' 이렇게 느끼게 되지. 그런데 표현하지 않는 화도 있지 않았니?"

"저는 화가 나도 표현을 잘 안 하는 편이에요. 엄마가 마음 아파하실까 봐서, 특히 엄마한테는요. 그냥 참아요. 말하지 않고 가만히 있어요. 그런데 그러면 공부에 집중은 안 되더라고요."

"우민이가 말한 것처럼 화를 표현하지 않는 사람들도 많아. 그런데 화를 참는다고 해결되는 건 아니란다. 오히려 더 무섭게 가라앉아 있다가 폭발하는 화산이 될 수도 있어. 화를 어떻게 다루어야 하는지는 몇 주 뒤에 더 배우도록 하자. 그런데, 너희는 이런 생각은 해 본 적 있니?"

"어떤 생각이요?"

"왜 화가 날까? 사람마다 화가 나는 이유가 다 같을까?"

"선생님 저는 화가 잘 나는 사람인 것 같아요. 친구가 제 이야기를 하거나 귓속말을 하면 무척 화가 나요."

성진이가 말하자 재진이가 덧붙였다.

"저는 화가 잘 안 나는 사람인 것 같아요. 저는 그냥 별로 관심이 없어요. 하지만, 누군가 제 몸을 건드리거나 밀칠 때면 화가 나요."

"그렇지. 성진이와 재진이가 말한 것처럼 화가 잘 나는 사람과 안 나는 사람이 있는 것이 아니라 사람마다 화가 나는 상황이 다른 거야. 대부분의 사람은 누군가 나에게 신체적인 접촉, 예를 들어 밀친다거나, 머리나 등을 때린다거나 하는 공격을 당했을 때 본능적으로 화가 나게 되지. 그런데 일부러 그런 것이 아니라면 신체적인 공격을 받아도 화가 나지 않는 사람이 있어."

선생님이 이야기를 마치자 아이들은 이해되지 않는 듯 고개를 갸우뚱거렸다.

"정말요? 자기를 건드려도 화가 나지 않는다고요? 남자들은 안 그래요. 욱할 거 같은데요."

성진이가 대답하자 아이들이 모두 킬킬 웃음을 지었다.

"신체적인 공격보다 심리적으로 누군가 내 이야기를 하거나, 귓속말을 하거나, 내 인사를 받아주지 않거나, 나를 무시하거나, 소외시키면 화가 나기도 하지. 사람들은 이런 행동도 공격이라고 느끼기도 해. 여학생들 중에서 이럴 때 화가 난 사람 없니?"

"네, 저희들 대부분이 그래요."

"맞아요. 선생님!"

여자아이들이 선생님의 말에 맞장구를 치며 고개를 끄덕였다.

"그래, 이런 감정은 마치 눈앞으로 날아오는 물체를 피해 눈은 감아 우리 눈을 보호하는 행동처럼 아주 자연스럽게 나를 보호하기 위해 생기는 감정이란다. 우리는 누구나 안전하게 살고 싶고, 심리적으로 편안한 환경에서 살고 싶은 욕구가 있기 때문에 그 욕구에 반대되는 공격을 당했을 때 화가 나게 마련이야."

"아! 정말 그런 것 같아요. 여자아이들은 주로 친구가 나를 끼워 주지 않거나 인사를 받아 주지 않으면 마음이 많이 상하거든요."

고은이가 대답하고 되물었다.

"우민아, 남자아이들은 어때?"

"남자아이들도 신체적인 부딪힘이나 폭력 때문에 기분이 상하기도 하지만, 사람마다 다른 것 같아요. 저는 남자아이들이 장난치거나 밀쳐도 별로 화가 나지는 않아요. 장난이니까요. 오히려 저는 무시하는 말투나 심한 말장난, 비속어를 들었을 때 화가 많이 나는 편이에요."

"그래 그렇구나. 그럼 오늘은 각자 어떤 부분에서 화가 많이 나는지 생각해 보고 이야기를 나누어 볼까?"

선생님은 아이들이 곰곰이 생각할 수 있게 시간을 주었다. 5분 정도의 시간이 흐르자 아이들은 하나둘 마음을 정하였다. 먼저 성진이가 자신의 이야기를 꺼내었다.

"저는 아무에게도 이야기하지 않은 비밀이 하나 있는데요. 사실 1학년 때 ADHD라는 진단을 받아서 놀이 치료를 받으러 다닌 적이 있어요. 그 전에 엄마는 저에게 심하게 야단을 치시거나 잔소리를 하셨어요. '왜 이렇게 힘들게 하냐, 좀 앉아서 책 좀 봐라. 너처럼 온 집안을 어지럽히는 애는 처음 봤다.' 엄마도 저를 키우기 힘드셨던 것 같아요. 그런데 놀이 치료를 받으면서 엄마가 저의 성격을 이해하고 받아들이신 것 같아요. 저는 어른들이 제 행동의 이유를 물어보지도 않고 비난하고 잔소리할 때 화가 많이 났었어요."

아이들이 모두 숙연한 자세로 성진이의 이야기를 들었다.

"성진이가 그런 아픔이 있는 줄 몰랐구나. 요즘은 어떠니?"

선생님이 말을 이어 갔다.

"요즘은 편안해요. 제가 좀 장난이 많긴 하지만요. 지난번에 고은이를 놀린 것도 그렇고, 좀 미안하네요. 장난이 지나쳐서……."

고은이는 사과보다 성진이의 진심과 속 이야기를 듣게 된 것이 더 마음이 좋았다.

'저 장난꾸러기에게 큰 아픔이 있었구나!'

생각하니 마음이 오히려 짠해졌다.

"저는 어색하고 조용한 분위기가 싫어요. 친구

들과 함께 있을 때 즐겁게 지내고 싶어요. 그래서 분위기를 좀 밝게 만들어 보려고 하는데, 저를 우습게 보고 무시할 때 화가 났어요."

재진이의 말에 다들 놀란 눈치였다. 화를 잘 안 내는 이유도 분위기를 좋게 만들어 보려고 애쓰는 것이었을까? 재진이의 대답은 정말 의외라는 표정이었다.

"저는 사실 제 감정을 잘 모르겠어요. 화는 안 나는데, 가끔 억울하고 답답한 마음이 계속 들 때가 많아요."

"우민이는 지난번에 얘기했던 것처럼 엄마를 위해 자신의 감정을 많이 감추고 지내는구나."

선생님의 말에 우민이는 씩 웃으며 표정을 감추었다.

"좀 창피한데, 저는 늘 잘하고 싶어요. 저보다 더 잘하는 친구가 있거나 저랑 비교될 때, 특히 엄마가 공부 잘하는 제 친구들과 비교할 때 화가 나요. 이 마음 때문에 친구와 잘 지내는 것이 힘들 때가 있어요. 동생과도 마찬가지고요."

고은이가 이야기를 마치자 인내가 한마디 거들고는 자신의 이야기를 이어 갔다.

"고은이는 이름처럼 최고가 되고 싶은 마음이 큰 것 같아요. 저는 웬만하면 다 참는데, 친구들하고 잘 지내고 싶어서 그냥 화가 나도 넘어갈 때가 많아요. 가끔 엄마가 저에게 '넌 학교 가서도 친구들한테 이러니?' 하면서 비난할 때는 더 속상해요."

인내가 말을 마치자 이번엔 고은이가 배턴을 받았다.

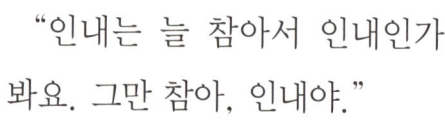

"인내는 늘 참아서 인내인가 봐요. 그만 참아, 인내야."

고은이의 위로에 인내는 눈물이 핑 돌았다.

"저는 지난주처럼 제 속마음이 잘 전달되지 않을 때 제일 화가 나요. 제 마음은 그런 게 아닌데 공격당해서 무척 속상하더라고요. 하지만, 엄마랑 이야기하거나 친구들과 이야기를 하다 보면 이해도 되고, 속상한 마음도 잘 풀리는 것 같아서 특별히 힘들었던 기억은 없어요."

사랑이가 꺼낸 이야기를 듣고 재진이는 지난주 사랑이에게 '너만 선생님께 잘 보이려고 하는 거 아니냐?'며 공격을 했던 일이 생각나 괜스레 미안한 마음이 들었다.

이야기를 듣고 난 선생님은 아이들의 마음을 다 이해하는 듯 고개를 끄덕이며 따뜻하게 웃어 주었다.

"선생님도 너희와 비슷하단다. 선생님의 진심이 전달되지 않아 오해가 생길 때나 아이들이 선생님의 지시에 잘 따르지 않고 불성실한 학교생활을 할 때, 누군가가 나와의 약속을 지키지 않았을 때 나를 무시하는 것 같아 기분이 나쁘고 화도 난단다. 비슷한 것 같지만 사람마다 조금씩 다른 것 같기도 하지?"

선생님의 질문에 아이들은 고개를 끄덕이며 수긍했다.

"얘들아, 그렇다면 화라는 감정과 비슷한 감정은 어떤 것들이 있을까? 아까 우민이가 얘기한 것처럼 화는 나지 않지만, 뭐랄까 말로 표현할 수 없는……. 너희도 그런 감정을 느껴 봤니?"

아이들은 이내 생각에 잠겼다. 화는 쉬운데 그 안에 감추어져 있는 감정들은 설명하기가 어려웠다.

"속상함?"

"짜증이요."

"복수심?"

"울화통!"

"열 받는다?"

아이들의 생각 주머니에서 화에 대한 다양한 감정들이 쏟아져 나왔다.

"그래, 모두 맞아. 그 외에도 우울함, 걱정, 분노와 같은 감정들도 모두 화와 관련된 감정이야. 그 감정들이 모여서 '화가 난다.'라는 대표적인 감정으로 설명되는 것이지. 자!

그렇다면 이번 주 미션은 화와 비슷한 감정의 종류를 찾아보는 거야. 내 안에 있는 감정을 좀 더 빠르게 이해하는 훈련이 될 거야. 오케이?"

"옛설!"

우민이의 재치 있는 대답에 모두들 깔깔거리며 감정 공부를 마쳤다.

사랑이와 인내는 함께 집으로 가면서 이야기를 나누었다.

"사랑아, 나는 집에 가면 엄마에게 짜증이 나는 이유를 찾아봐야겠어. 엄마가 나에게 뭔가 물어보는 것도 싫고, 잔소리하는 건 더 싫거든."

인내가 자기 속내를 털어놓았다.

"혹시 우리가 사춘기여서 그런 것은 아닐까?"

사랑이의 질문에 인내는 고개를 저었다.

"아니야, 더 어렸을 때도 그랬던 것 같아. 선생님이 내주신 숙제를 실천하면서 내가 왜 화가 나는지 살펴봐야겠어."

인내는 마음을 다지며 집으로 돌아왔다.

"엄마, 다녀왔습니다."

인내가 지친 표정으로 집으로 들어서자 엄마는 이내 인내에게 질문을 하기 시작했다.
　　"어머, 우리 딸 왜 그래? 너 오늘 단원평가 본다더니 잘 못 봤니?"
　　엄마가 걱정스러운 표정으로 물었다.
　　"아니에요. 그냥 그럭저럭 봤어요. 엄마, 저 좀 쉴게요."
　　인내는 문을 닫고 방으로 들어갔다.
　　"인내야! 너 무슨 일 있는 거지, 그렇지? 왜 그래? 엄마하고 이야기 좀 해."

엄마가 문을 열고 들어왔다.
"아니에요. 아무 일 없어요. 그냥 좀 지쳐서……."
인내는 짜증이 나기 시작했다.
"무슨 일이 없긴, 얼굴에 '나 짜증 났어요.'라고 써 있는데. 무슨 일이야?"
계속되는 엄마의 질문과 관심에 인내는 자기도 모르게 소리를 질러 버렸다.
"아무 일 없다고요! 아무 일 없다는데, 왜 내 말을 안 믿어, 나는 좀 쉬고 싶다고요."
엄마는 할 말이 없는지 문을 닫고 나가 버렸다. 자신이 이야기하려고만 하면 인내가 화를 내며 더욱 높은 벽을 쌓았다. 엄마의 뒷모습을 보며 인내는 자신도 모르게 울음이 쏟아졌다.
'왜 눈물이 나지? 왜 화가 나지? 뭐야 왜 이런 거야? 감정 공부를 한다는 것이 이런 거야?'
인내는 자기의 감정을 알 수가 없었다. 한참 동안 멍하니 있다가 비밀 일기장을 폈다.

> 나도 모르게 엄마에게 화를 냈다. 엄마는 나에게 관심 가져 준 것뿐인데, 나는 왜 화를 냈던 걸까? 그런데 가끔은 엄마가 짜증 난다. 나한테 질문 좀 안 했으면 좋겠는데, 늘 꼬치꼬치 물어보고 짐작하고 그런다. 이런 게 우울한 감정인가? 기분이 안 좋다. 나 좀 내버려 둬요.

짧은 글을 써 내려가면서 인내는 마음이 가라앉았다. 인내는 방에서 나와 엄마에게 아무 일 없었다는 듯 말을 걸었다.

"엄마, 나 간식 줘. 배고파."

"그래? 알았어. 잠깐만 기다려."

엄마의 대답에도 힘이 없는 것 같았다. 엄마가 준 도넛과 주스를 먹고 방으로 들어온 인내는 학원 가방을 챙겨서 집을 나섰다.

"엄마, 화내서 죄송해요. 다녀오겠습니다."

인내는 학원에 가는 내내 마음이 묵직했다.

오르락내리락 감정 수업

03

감정 이해하기

열이 나고, 침을 삼킬 수 없게 목이 아프고, 팔다리도 욱신거린 적이 있나요? 갑자기 이런 증상이 나타나면 무섭고 불안해요. 하지만 의사 선생님의 "몸살감기입니다."라는 말을 들으면 모든 걱정은 사라지고 안심이 됩니다.

이처럼 사람에게는 알고 싶어 하는 욕구가 있어요. 어떤 일의 원인을 모르면 불편하고 힘들어하죠. 감정도 그래요. 자신에게 화가 느껴지는데, 왜 화가 났는지를 모른다면 어떨까요? 원인을 모르니 화가 더 커질까 불안할 수도 있고, 반대로 아무것도 아닌 일에 쉽게 화가 나는 것 같아 자신을 이상하게 여기기도 합니다.

그래서 평소에 자신이 어떤 상황에서 화가 나는지를 알고, 화가 났을 때 왜 화가 났는지를 스스로 이해할 필요가 있어요. 또한, 상대방이 화가 났을 때도 그 사람의 입장에서 왜 화가 났는지 이해를 할 수 있다면, 화가 더 커지는 것을 예방할 수 있을 거예요.

> 감정을 알아차렸다면 그다음에는 감정을 이해해야 해요. 그래야 감정을 활용하고 조절할 수 있어요.

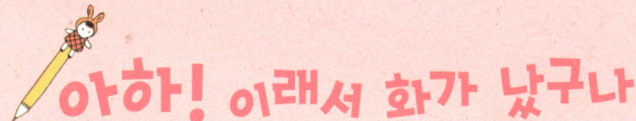
아하! 이래서 화가 났구나

자신과 다른 사람이 화가 났을 때 어떻게 반응하는지 관찰하거나 직접 물어본 후 채워 넣으세요.

	화가 나는 상황	화가 나는 이유
나	예) 엄마한테 혼 날 때 화가 나요.	예) 엄마가 나보다는 동생 편을 들어주고, 나를 사랑하지 않는 것 같아서요.
친구		
부모님		

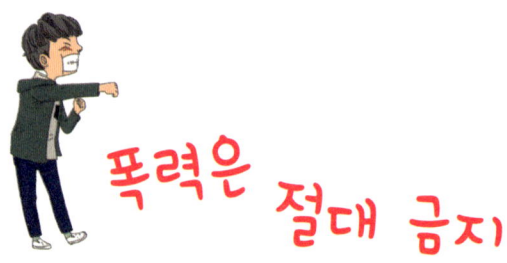

폭력은 절대 금지

"얘들아! 2반에서 싸움 났어."

성진이의 말에 교실에 있던 아이들은 우르르 2반으로 몰려가 뒷문에 매달렸다. 선생님이 자리를 잠깐 비운 점심시간에 남자아이들 몇 명과 여자아이들 몇 명이 계속 말싸움을 하자 친구들이 말리고 있었다.

"네가 체육 시간에 일부러 얼굴에 공을 던졌잖아!"

"내가 언제? 체육 시간은 엄연히 운동하는 시간이야. 우리가 언제 폭력을 썼냐? 그러는 너희는? 너희도 우리 얼굴에 공을 던졌잖아."

"너희가 먼저 얼굴을 맞히고 공격했으니까, 우리도 그런 거지!"

"그럼 복수한 거네. 다음에 우리도 얼굴에 맞으면 똑같이 해 주지!"

"뭐? 복수? 똑같이 해 주겠다고?"

"왜 너희는 되고, 우린 안 되냐? 복수하겠다면 어쩔 건데?"

"뭐라고?"

싸움 끝에 여자아이들은 울면서 필통을 집어 던졌다. 그러자 맞은 남자아이도 그 필통을 집어서 똑같이 던져 버렸다. 순간, 아이들은 큰 싸움이 나겠다 싶어 몇 명은 선생님을 찾으러 가고, 나머지 몇 명은 필통을 던진 아이들을 진정시키고 있었다.

이때 김정서 선생님이 복도를 지나가자, 아이들은 달려가 이 사실을 알리고 선생님은 2반 아이들을 진정시켰다.

일주일 동안 서로 다른 일들을 겪고 다시 마주 앉은 여섯 명의 아이들은 이제 서로 많이 친해진 것 같았다.

"야! 아까 점심시간에 싸운 거 봤지? 2반 애들도 감정 공

부를 해야 될 거 같지 않냐?"

"맞아. 남자와 여자가 나누어져 서로 감정이 나빠진 것 같더라. 해결은 잘 되었을까?"

아이들은 2반의 싸움 이야기를 꺼내면서 선생님이 오기를 기다렸다.

"미안해! 선생님이 잠시 교무실에 다녀오느라 조금 늦었구나. 오늘이 벌써 네 번째 만남이네?"

"아니요, 괜찮아요. 기다리면서 저희끼리 재미있게 이야기도 나누고 좀 더 친해진 느낌이에요."

"맞아요. 그리고 아까 선생님도 2반 아이들 싸움 진정시키면서 보셨죠? 2반 아이들도 감정 공부가 필요한 것 같아요."

"그래, 그렇더라. 아이들이 화가 많이 났던데. 화가 날 때 하면 안 되는 행동을 해서 감정이 더욱 나빠졌더구나. 오늘 우리가 나눌 내용도 그것과 관련이 있단다. 자, 먼저 지난 한 주 동안 너희 감정을 잘 들여다보았니? 화가 났을 때 너희는 어떻게 행동하는지 살펴보기로 한 거 말이야."

"네, 선생님. 저는 화가 나면 방문을 닫고 혼자 방에 틀어박혀 있는 게 편해요. 그런데 곰곰이 생각해 보니 제가 도망치듯 비겁한 것 같다는 생각이 들더라고요. 그래서 방문을 닫고 들어가는 것도 화라는 감정인가 싶었어요."

집에서 주로 화가 난다는 인내가 이야기를 꺼냈다.

"그래, 인내가 너의 감정을 잘 들여다보았구나. 인내가 느끼는 도망치는 것 같은 감정을 '회피'라고 말해. 그 감정도 화와 관련이 있지. 그런데 중요한 것은 왜 그 상황에서 감정을 표현하거나 해소하지 못하고 '회피' 하는지가 중요하단다. 인내에게 있었던 일을 조금 더 설명해 줄래?"

아이들은 모두 동그란 눈으로 인내를 쳐다보았다.

"저는 집에만 가면 화가 나요. 엄마는 늘 간식도 챙겨 주시고, 저에게 이것저것 물어보시며 잘해 주시려고 하시는데, 저는 그게 짜증이 나요."

인내가 지난주 감정을 떠올리며 차분히 설명했다.

"어머니께서 인내에게 질문을 많이 하시니?"

선생님이 묻자 인내가 고개를 끄덕였다.

"그렇다면 인내는 엄마의 태도가 간섭으로 보이거나 귀찮게 느껴지니?"

선생님의 말에 인내는 입을 열었다.

"네, 어떨 땐 안 물어보시면 좋겠어요. 그리고 저에게 너무 관심이 많고 걱정도 많으셔서, 무슨 얘기를 꺼내기가 부담스러워요. 엄마니까 당연하겠지만……. 그래서 제가 짜증을 내고 나면 잘못했다는 생각이 들어서 괴로워요."

인내가 눈물을 글썽였다.

"그래, 인내가 마음이 힘들었구나. 하지만 미션을 수행하려고 애쓰지 않아도, 화가 날 때 어떤 감정들이 느껴졌는지 자연스럽게 경험하게 된 것 같구나. 인내가 느낀 감정은 '회피'도 있지만, '죄책감'도 있는 것 같아. 인내가 원하는 것을 엄마께 얘기하기도 어렵고, 엄마의 관심이 부담스러워 좀 피하고도 싶은 거지?"

선생님의 말에 인내는 고개를 끄덕이며 수긍을 했다.

"그래, 지금의 네가 느끼는 그 감정을 잘 기억하면서 앞으로 함께 해결해 보자꾸나. 문을 닫고 들어가 엄마와 대화를 거부하는 '회피'가 아닌 다른 좋은 방법이 있단다."

"정말요? 어떤 방법이에요?"

고은이가 질문하자, 아이들도 그 방법이 무엇일까 궁금해졌다.

"잠시만 기다려 주렴. 먼저 이번 주 미션 수행 이야기를 좀 더 들려줄 사람 있니?"

"저는 동생한테 화를 낼 때 기분 나쁜 말을 많이 쓰면서 무시를 했거든요. 무시하는 것도 화랑 관련이 있나요?"

성진이가 물었다.

"맞아. 다른 사람을 '무시'하는 것도 화와 관련이 있단다. 어른들끼리도 화가 나서 싸우다 한쪽이 먼저 자리를 떠나기도 하는데, 그것이 '회피'일 수도 있고, 상대방을 '무시'하는 표현일 수 있어. 그 모든 것이 화와 관련된 감정이란다."

선생님의 설명에 아이들은 쉽게 이해할 수 있었다.

"그러면 선생님, '똥이 무서워서 피하냐? 더러워서 피하지?' 이런 말도 그런 뜻이에요?"

재진이의 질문에 교실은 웃음바다가 되었다. 엉뚱하지만 지금 상황에 딱 맞는 말이었다.

"그래, 그렇단다. 화가 났을 때 그 자리를 피하는 것도 상대편이 무서워서가 아니라 무시하고 싶어서라고 볼 수 있겠는걸?"

"그럼 화가 날 때 무시하고 회피하는 건 괜찮은 거예요?"

우민이가 질문을 던졌다.

"오늘 이야기 나눌 주제가 바로 그 문제란다. 화가 났을 때 하지 말아야 할 행동에 대해서야. 사람들은 화가 났을 때 어떤 행동을 하게 될까? 음, 지난번 현장학습 때 일을 떠올려보자. 그날 교실에서 너희는 어떤 행동을 하게

되었니?"

"저는, 창피하지만 너무 화가 나서 성진이의 멱살을 잡았어요. 제가 우민이와 사귄다고 말한 성진이에게 무척 화가 났었어요. 사실은 그 사진을 성진이가 여기저기 친구들에게 보내고 헛소문을 퍼뜨릴까 봐서 화가 눈덩이처럼 불어났어요. 걱정되는 마음도 컸던 것 같아요."

고은이 볼이 발그레해졌다.

"저는 고은이 편을 들어주다가, 재진이에게 친구가 나쁜 행동을 했는데 같이 편들어 준다고 한마디 했어요. 그 말 때문에 재진이와 다투게 되었고요."

인내도 그날의 기억을 떠올렸다.

"재진이와 성진이는 기분이 어땠니? 그날 가장 너희를 화나게 했던 말이나 행동은 무엇이었니?"

"저는 인내가 자기 일도 아닌데 괜히 참견하는 것 같아서 저도 성진이 편을 들어주었는데, 저에게까지 뭐라고 비난을 하는 바람에 저도 '그만 나대.'라고 심한 말을 했어요."

"저는 사실 고은이에게 제가 먼저 잘못을 했어요. 사진을 찍은 것도 미안하고요. 제가 생각해도 장난이 심했던 것 같아요. 그런데 제가 단톡방을 먼저 만든 건 아니에요. 고은이가 초대를 했고, 아이들이 다 있는 단톡방에서 '너 정말 재수 없어.'라는 심한 말을 들으니, 저도 기분이 나빠서 사과할 마음이 사라졌어요."

성진이는 그날의 기억을 떠올리며 인상을 구겼다.

"성진아, 고은이에게 하고 싶은 말이 있니?"

선생님이 물어보자 성진이는 기다렸다는 듯이 화를 냈다.

"야! 최고은, 니가 나한테 '너 같은 애 재수 없다.'고 했잖아. 어떻게 그렇게 막말을 하냐!"

"내가 막말을 했다고? 먼저 시작한 건 너거든?"

"장난은 내가 시작했지만, 욕은 니가 먼저 시작한 거거든?"

"뭐? 적반하장이 따로 없네. 잘못했으면 사과를 해야지, 너 그 정도밖에 수준이 안 되냐?"

"수준? 너 말 다 했어?"

"그래, 다 했다! 어쩔래?"

"어쩌냐고? 너 가만히 안 둘 거야."

"가만히 안 두면 니가 뭘 할 수 있는데? 밥맛이야, 정말!"

"밥맛이라고?"

"성진아, 고은아! 그만!"

선생님이 제지했다.

"얘들아, 화라는 감정을 표현하고 설명하는 것은 좋지만, 화가 났을 때 하면 안 되는 행동이 있어. 이렇게 말싸움을 계속하면서 화를 표현하면 갈등이 해결되겠니? 이런 대화는 오히려 더 화를 부추길 뿐이야. 자, 그럼 우리 모두 생각해 보자. 뉴스를 통해 보거나 들었던 내용도 좋고, 너희가 경험한 것도 좋아. 어른들이 화가 났을 때 하면 안 되는 행동을 해서 충격을 받거나 상처받았던 경험에 대해 한번 이야기해 볼까?"

아이들은 고은이와 성진이의 씩씩거리는 모습을 보며 이 분위기를 어떻게 전환할 수 있을까 서로 눈치를 보고 있었다. 선생님은 이 모습을 그냥 지나치지 않고, 감정을 공부할 재료로 사용하는 것 같았다.

"저는 길을 걷다가 우연히 어른들끼리 멱살을 잡고 물건을 던지는 것을 본 적이 있어요."

"어른들은 화가 나면 정말 심한 욕을 하더라고요. 그때 충격을 받았어요."

"드라마 같은 데서 방문을 쾅 닫고 들어가거나 운전을 난폭하게 하는 장면들이 많이 나와서 '저러다가 사고 날 텐데……' 하는 걱정이 들기도 했어요."

"지난번 뉴스에서는 테러를 일으키거나 사람을 죽이거나 해치는 모습이 나와서 '어른 중에 저런 사람도 있구나.' 싶었어요."

아이들은 보고 겪은 모습들을 떠올리며 진지하게 이야기했다.

"그렇구나. 너희가 보고 들은 것들은 모두 어른들이 화를 잘못 다루는 경우란다. 어른뿐 아니라 지금 말싸움을 한 성진이와 고은이, 그리고 아까 싸웠던 2반 친구들도 화가 났을 때 하지 말아야 할 행동을 했어. 첫째, 상대방을 비난하는 것, 즉 말꼬리를 물고 늘어지는 말싸움은 소모적이야. 그 말은 갈등 해결에 도움이 안 된다는 것이지."

"선생님! 좀 전에 성진이와 고은이가 보여 준 모습도 그렇고, 지난번 재진이와 인내가 다투었던 것도 말꼬리를 물고 늘어지는 말싸움이 되어 버린 건가요?"

사랑이가 물었다.

"맞아. 그렇게 되면 화를 더 키우는 결과를 가져오게 되지. 둘째, 자기 입장만 변명하는 것도 몹시 나쁜 행동이야. '나는 이러이러해서 이 행동을 한 거다.', '내가 일부러 그런 게 아니야.'라면서 미안한 행동을 사과하지 않고 변명만 한다면 상대방은 모든 잘못을 상대방에게 떠넘기는 인상을 주기 때문에 더 감정이 상하게 된단다. 우리 중에도 그런 방법을 썼던 경우가 있었지?"

선생님의 질문에 성진이가 웃으며 손을 살짝 들자, 아이들은 미소를 지었다.

"셋째, 상대를 이기려고 하는 것도 좋지 않아. 대화는 이기고 지기 위해서 하는 것이 아니기 때문이야. 사람들은 아무도 지려고 하지 않아. 그 때문에 결국 팽팽하게 맞서서 관계만 나빠지게 되지. 넷째, 외면하거나 단절하는 등 관계를 끊는 것도 좋지 않아. 예를 들자면, 방문을 닫고 들어가서 혼자 있는 것, 말을 하지 않는 것 같은 행동 말이야. 아까 너희가 질문했듯이 '회피'하거나 '무시'하는 행동들이 이런 종류야."

선생님의 말을 듣고, 아이들은 자신들이 지금까지 더 상황

을 악화시키는 행동을 하고 있었구나 싶어 생각에 잠기게 되었다.

"오늘 성진이와 고은이는 다시 한번 말싸움을 하게 되었고, 재진이와 인내도 지난번 말싸움했던 기억을 떠올려서 서로 기분이 좋지 않았을 거야. 그렇지?"

아이들은 겸연쩍은 듯 쑥스러운 미소를 지었다.

"우민이와 사랑이는 오늘 감정 수업을 통해 무엇을 느꼈니?"

"저는 친구들의 모습을 통해서 나를 돌아보게 된 것 같아요."

사랑이가 대답했다.

"인내는 어땠어? 마음이 좀 정리가 되었니?"

인내는 한결 가벼워진 마음으로 선생님을 향해 대답했다.

"네. 제가 엄마와 대화를 통해 풀지 않고 문을 닫고 들어가서는 안 되겠구나. 더 배워서 잘 해결해 보고 싶다는 생각이 들어요."

"좋아! 이번 주 미션이야. 너희가 화가 났을 때 주로 표현하는 말과 행동을 적어보고, 그것을 다른 방법으로 표현할 방법을 생각해서 일기장에 적어 보도록 하자. 그렇게 되면 오늘 함께 했던 이 시간이 싸움으로 끝나는 것이 아니라, 나를 성장시키는 기회가 될 거야."

여섯 명의 아이들은 가까워졌다가 다시 멀어진 듯 이상한 감정을 느꼈다. 고은이는 지난주에 성진이가 측은하고 안쓰러워 보였는데, 오늘 성진이나 재진이의 태도를 보니 전혀 사과할 마음이 없는 것 같아 기분이 나빴다. 성진이와 재진이도 집으로 돌아가면서 마음이 무거웠다.

집으로 돌아간 우민이는 저녁을 먹고 엄마와 마주 앉았다. 그리고 제법 어른스럽게 말을 꺼냈다.

"엄마, 한 가지 물어보고 싶은 게 있어요. 엄마는 아빠랑 싸웠을 때 어떤 부분에서 제일 화가 났어요? 선생님과 감정 공부를 하는 데 도움이 될 것 같아서요."

"음, 엄마는 아빠가 엄마에게 비난할 때 너무 속상하고 화가 났어. 서로 잘못한 것이 있는데 '당신은 꼭', '당신이 이러니까 애가 이런 거 아니냐.' 이런 식으로 말을 해서 서로 화를 참지 못했던 것 같구나. 지금 엄마와 아빠는 잠시 떨어져 지내면서 서로 싸우지 않는 방법을 찾는 중이야. 우민이가 이해해 주었으면 좋겠구나, 미안하다."

"아, 엄마. 저는 엄마께 사과를 받고 싶어서 얘기를 꺼낸 게 아니에요. 저도 같이 기다리고 있어요. 엄마 아빠가 다시 사이가 좋아지기를요."

우민이는 무거운 마음으로 방에 들어와 일기장에 적어 보았다.

화가 날 때 하는 행동
- 입을 다물고 아무 말도 하지 않는다.
- 문을 닫고 들어가 혼자 가만히 앉아 있는다.
- 혼자 있을 때는 방에서 소리를 지른다.

표현할 수 있는 다른 방법
- ……

우울하다….

우민이는 화가 날 때 하는 행동을 다르게 표현할 방법이 떠오르지 않았다. 화를 표현할 딱히 다른 방법을 배워 본 적이 없었다. 엄마도 화가 나면 문을 닫고 들어가 우시거나 말없이 굳은 표정으로 집안일을 하시는 것 같아서 물어보기도 민망했다.

우민이는 학원 차에서 아빠에게 문자를 보냈다.

> 아빠, 보고 싶어. 이번 주에 나랑 만날 수 있어?

> 우민아, 잘 지냈지? 안 그래도 우민이가 보고 싶었어. 토요일 오전에 데리러 갈게!
> 같이 캠핑 갈까?

잠시 후 아빠에게서 답이 왔다. 아빠와 캠핑 약속을 잡은 우민이는 신이 나기도 했지만, 이내 곧 아빠와 무슨 이야기를 나눌까 고민이 되었다.

토요일 오전, 엄마에게 미안했지만 그래도 아빠와의 시간은 꼭 필요할 것 같아서 용기를 내어 다녀오겠다고 말하고 현관문을 나섰다.

아빠는 오랜만에 보는 우민이를 꼭 안으며 말했다.

"이 녀석 훌쩍 더 컸네. 많이 보고 싶었어."

우민이는 아빠와 함께 캠핑장으로 가는 차 안에서 그동안 밀린 이야기를 나누었다. 학교, 학원, 그리고 6주 동안의 감정 공부 이야기도 빠뜨리지 않았다.

저녁이 되자, 캠핑장은 고기 굽는 냄새와 음악 소리로 가득 찼다. 우민이도 아빠와 함께 삼겹살을 굽고, 사이다 잔을 들고 건배도 외쳤다. 우민이는 감정 공부 이야기를 꺼내며 아빠와 두런두런 이야기를 시작했다.

"아빠, 아빠는 엄마가 싫어?"

아빠는 아무 말 없이 우민이에게 다시 질문했다.

"왜? 아빠가 엄마를 싫어하는 것 같아?"

"응, 그렇지 않으면 서로 떨어져서 지낼 리가 없잖아."

우민이가 물끄러미 아빠를 바라보았다.

"우민이가 아직 어려서 아빠가 뭐라고 설명해야 할지 모르겠는데, 아빠는 엄마를 미워하거나 싫어하지 않아. 아빠와 엄마 사이에 큰 오해가 좀 있었어. 그 일로 싸우다 보니 감정이 상하고 서로 비난만 하게 되어서, 떨어져서 생각할 시간이 필요했던 거야. 우민이에게는 미안하지만…….”

아빠는 우민이의 머리를 쓰다듬으며 미안한 표정으로 말했다.

“아빠, 학교에서 감정 공부를 하는데, 사람이 화가 날 때 하면 안 되는 행동이 있대. 서로 비난하면서 말싸움만 계속하거나 문 닫고 들어가거나 외면하는 거, 그런 건 관계를 더 악화시킨대. 그 이야기를 듣는데 아빠랑 엄마가 생각났어.”

우민이의 말에 아빠는 깊은 생각에 잠기는 듯했다. 우민이는 다시 말을 이어 갔다.

“내가 아직 어려서 어른들의 관계를 잘 이해하지는 못하지만, 나는 엄마랑 아빠가 외면하지 않고 비난하지 않고 다시 잘 지낼 수 있다고 믿어. 나를 사랑하니까 노력해 볼 거지?”

우민이는 아빠를 향해 씨익 웃어 보였다. 아빠도 말없이 웃으며 우민이의 등을 쓰다듬었다.

“이 녀석 많이 컸네. 우민이 말대로 아빠 엄마도 노력해 볼게. 조금만 시간을 줘.”

아빠의 목소리가 가라앉았다.

"응, 아빠. 나도 친구들이랑 오해가 생겨서 감정 공부를 하게 된 거야. 그런데 그 공부를 하면서 많은 것을 느꼈어. 아빠랑 엄마도 오해 때문에 그런 거니까 잘 풀릴 거로 생각해. 언젠가 우리 가족이 함께 캠핑을 다시 오면 좋겠다!"

우민이도 애써 웃어 보이며 아빠에게 기대었다.

오르락내리락 감정 수업

04

감정 표현하기

　감정은 시간이 지나면 사라집니다. 생각은 좀처럼 잘 바뀌지 않지만, 감정은 수시로 바뀌죠. 이런 면에서 어떤 감정이 생겼을 때 그 감정에 취해서 혹은 감정에 휘둘려서 하는 행동은 나중에 후회하기가 쉽습니다. 많은 사람이 화를 무조건 나쁘다고 보는 이유는 화에 휘둘려서, 혹은 홧김에 저지르는 행동이 너무 파괴적이고 공격적이기 때문이죠.

　화라는 감정을 건강하게 활용하기 위해서는 먼저 염두에 둘 것이 있어요. 화가 날 때 절대로 해서는 안 되는 행동이 있다는 사실이죠. 바로 폭력이에요. 폭력은 직접 신체적으로 고통을 주는 폭행, 주변의 물건을 집어 던져서 망가뜨리는 기물 파손도 모두 포함돼요.

　또, 언어폭력도 폭력이에요. 특히, 평소에 알고 있던 상대방의 약점을 들춰서 그 사람을 비난하면 안 돼요. 예를 들어, 가정 배경(부모님의 이혼), 신체장애, 정신장애, 외모 등이 될 수 있어요. 언어폭력도 신체 폭력처럼 처벌 대상이 될 수 있답니다. 그 누구도 다른 사람으로부터 폭력의 대상이 되어서는 안 됩니다. 폭력은 피해자에게 씻을 수 없는 몸과 마음의 상처를 남길 수 있기 때문이죠. 꼭 기억하세요. 어떤 경우에도 폭력은 절대 안 돼요!

> 화가 났을 때, 폭력을 써서는 안 돼요. 물리적 폭력뿐 아니라 언어폭력도 마찬가지랍니다.

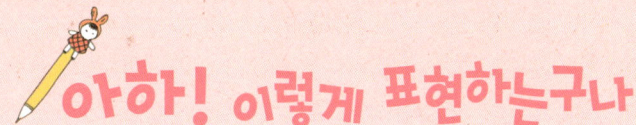

최근 목격했던 폭력이 있나요? 어떤 상황이었는지, 가해자와 피해자는 어떤 마음이었을지 적어 보세요.

상황	폭력을 가한 사람의 마음	폭력을 당한 사람의 마음
예) 쉬는 시간, 표민이가 실수로 승재 옷에 물을 쏟았다. 승재 옷이 젖었고, 이를 본 아이들은 웃었다. 화가 난 승재가 표민이를 때렸다.	예) 승재는 자신의 옷이 젖어서 표민이에게 화가 났고, 친구들이 웃어서 창피했을 것 같다.	예) 표민이는 실수로 물을 쏟은 것인데, 승재가 무조건 때려서 속상하고 슬프고 아팠을 것 같다.

나 전달법이 뭐야?

"인내야! 책상 좀 치우고 가. 넌 왜 맨날 잔소리하게 만드니?"

아침부터 엄마의 언짢은 목소리가 들려왔다. 아침을 먹고 인내가 양치질하고 있는 사이, 엄마가 인내 방에 들어간 모양이었다.

"엄마! 제가 알아서 치우고 갈게요. 좀 기다려 주면 안 돼요? 아침부터 왜 또 잔소리야."

인내는 참다못해 자기도 모르게 짜증이 섞인 목소리가 나왔다.

"한두 번이니? 동생은 어린 데도 자기 책상 정리도 잘하는데, 넌 언니가 되어서……. 하여튼, 본이 안 돼요, 본이!"

"엄마도 설거지 안 하고 나갈 때 있잖아요! 내가 다른 엄마들이랑 엄마를 비교하면 좋겠어요?"

인내는 화가 나서 엄마에게 톡 쏘고 가방을 들고 나와 버렸다. 아침부터 짜증도 나고 화가 나서 견딜 수가 없었다. 늘 동생하고 비교하고 잘못하는 것만 지적하는 엄마와는 말도 하기 싫었다. 화가 날 때 서로 비난하면 안 된다고 지난주에 배웠지만, 실천이 잘되지 않았다. 화가 나면 그 감정에 사로잡혀 아무 생각이 들지 않는 것 같았다.

또다시 한 주가 지나 이제 다섯 번째 만남이 되었다. 아이들은 미션을 잘 수행했는지 일기장을 손에 들고 있었다.

"얘들아, 오늘따라 분위기가 가라앉은 것 같은데? 숙제 때문에 그런가?"

선생님은 웃으며 아이들의 얼굴을 살폈다. 그제야 아이들은 서로를 보고 씨익 웃었다.

"맞아요, 선생님. 숙제는 언제나 어려워요."

　늘 자신만만한 고은이도 힘든 표정을 지으며 애교를 부렸다.
　"보통 숙제는 아니지, 그렇지?"
　선생님도 고개를 끄덕이며 아이들의 마음을 읽어 주었다.
　"선생님이 너희에게 미션을 준 이유는 그 미션을 해결해 오라는 것이 아니라, 잘되지 않는 나를 발견해 보라는 뜻이었어. 그러니 마음 편하게 오늘의 감정 공부를 시작해 보자."
　아이들은 환한 표정으로 일기장을 펼쳤다. 숙제를 까먹은 성진이와 재진이만 빼고 말이다.
　"내가 화가 났을 때 어떤 행동을 하는지 찾아보고 살펴보았니?"
　"네, 그건 좀 쉬웠어요. 저는 주로 문을 닫고 방에 들어가서 딴생각을 하거나 말을 하지 않아요."

우민이가 제일 먼저 대답했다.

"전 화가 나면 인상을 찌푸리고 참다가 폭발해 버리는 것 같아요. 동생이나 엄마에게 화를 내기도 하고 문을 쾅 닫기도 했어요. 그걸 안 하려고 핸드폰도 만지작거리고, 음악도 들어 봤는데 잘 안 되더라고요."

인내는 제법 실천하고 노력한 모양이었다.

"고은이와 사랑이, 재진이와 성진이는 어땠어?"

선생님이 쳐다보자 성진이는 씨익 웃었다.

"선생님, 다 아시잖아요. 전 욱하는 성질이 있어서 상대방에게 화내고 욕도 해요."

그러자 아이들이 다 같이 깔깔거리며 웃었다.

"그럼, 재진이나 사랑이도 지난번 얘기한 것처럼 '저는 화가 잘 안 나서 모르겠어요.' 이렇게 생각하니?"

"아니요. 저는 화가 났을 때 제가 어떤 행동을 하는지 발견하게 되었어요."

사랑이의 말에 재진이가 더 궁금해했다.

"어떤 행동인데?"

"엄마가 제게 가르쳐 주신 방법인데요. 일단 화가 날 때 생각을 멈추고 왜 내가 화를 내고 있는지 생각해 봐요. 화를 낼 만큼 중요한 상황인지, 별일 아닌데 기분이 나빠서 화가 나는 것인지 곰곰이 생각해 봐요. 그러고 나서 저는 제 이야기를 잘 들어 주시는 엄마에게 가서 제 감정을 설명하곤 해요."

사랑이는 침착하게 자기의 감정을 설명했다.

"그래, 그렇구나. 대부분의 사람은 너무 화가 나면 서로를 비난하며 자존심을 세우게 된단다. 하지만 이런 방법은 전혀 도움이 되지 않는다고 지난주에 배웠지? 그렇다면 화가 났을 때 어떤 행동을 해야 그 화가 풀릴까? 오늘은 그것에 대해 이야기를 나눠 보도록 하자. 최근에 화가 났을 때 어떻게 해결했는지 한번 생각해 보도록 해 봐."

아이들은 화가 났을 때의 기억을 떠올리며 망설이고 있었다. 그런데 딱히 화를 잘 해결한 경험은 없었던 것 같아, 누구도 선뜻 손을 들거나 이야기를 꺼내지 못했다.

선생님이 다시 말을 이어 갔다.

"예를 들자면, 지난번 고은이가 성진이에게 화가 났을 때 어떻게 행동했으면 좋았을까?"

선생님은 다시 체험 학습 다음 날의 시간으로 아이들을 데리고 갔다.

 잠깐의 침묵이 흐른 후 고은이가 먼저 말을 꺼냈다.

 "성진이에게 가서 다짜고짜 따지지 않고, 따로 불러내어 이야기를 나누면 좋았을 것 같아요. 그리고 제 사진을 혹시 누군가에게 또 전송했는지 물어도 보고, 사과를 받고 싶다고 말했다면 좀 더 멋있었을 것 같아요."

 그 이야기를 듣자 성진이는 멋쩍게 웃으며 답을 하고, 고개를 떨구었다.

 "저는 고은이의 심정을 헤아려 주었으면 좋았을 것 같아요. 그리고 사과를 해야죠."

 "그래, 아주 멋진 생각이야. 화가 났을 때는 잠시 혼자 시간을 갖고, 화가 조금 가라앉은 다음에 상대방과 마주 앉아야 한단다. 화가 났다고 회피하는 것도 옳지 못해. 혼자서 화를 풀면 상대방은 내 감정을 잘 모르고, 나는 화난 감정이 충분히 해소되지 않아서 화가 더 쌓이기도 한단다. 그 화가 눈덩이처럼 커지면 몸에 문제도 생기지. 혹시 화병이라고 들어봤니?"

 "네! 저희 할머니도 옛날에 화병으로 힘들어하셨어요."

인내가 예전에 엄마가 했던 이야기가 생각나 대답했다.

"화병처럼 자신의 감정을 풀지 못하고, 꾹꾹 혼자 참는 것으로 해결하려 한다면 큰 문제를 가져오게 된단다. 화가 났을 때는 정확한 원인을 먼저 파악해야 해. 예를 들어, 상대방이 나에게 언짢은 행동이나 말을 했다면 정말 자신을 무시하려고 한 것인지, 또 내가 어떤 말이나 행동을 잘못해서 상대방의 기분을 나쁘게 한 것은 아닌지 돌아봐야 해."

선생님은 아이들 한 명 한 명과 눈빛을 맞추며 힘 있게 말을 이어 갔다.

"그러고 나서 화를 가라앉히고 상대방과 마주하여 솔직한 마음을 전달하는 거야. 이것을 '나 전달법'이라고 한단다. 예를 들자면, '나는 너한테 비난받고 싶지도 않고, 너와 싸우고 싶지도 않아. 나는 너랑 화를 풀고 잘 지내고 싶어.'와 같이 나의 속마음을 전달하는 거야. 그리고 만일 나로 인해 상대방이 화가 났다면 '화난 부분을 나한테 이야기해 주면 좋겠어. 그리고 내 마음도 들어주면 좋겠고.'라고 말하면서 용기 있게 이유를 찾고 용서를 받아야 해. 자! 지금 고은이와 성진이가 지난번 사건에 대해 자신의 마음을 '나 전달법'으로 전달하고 서로의 마음을 헤아리는 시간을 가져 볼까? 4주가 지났으니 화는 충분히 가라앉았겠지?"

아이들의 시선이 고은이와 성진이를 향했다.

먼저 성진이가 용기를 내었다.

"고은아, 내가 지난번에 너에게 문자 테러를 해서 미안해. 친구를 통해 네 전화번호를 알게 되어서 한번 장난치고 싶었던 것이 이렇게 큰 사건을 만들게 될 줄은 몰랐어."

고은이는 얼굴이 빨개졌다. 성진이의 얼굴을 쳐다볼 수가 없어서 고개를 떨구고 입을 열었다.

"응, 그랬구나. 나도 친절하게 답하지 못해서 미안했어. 난 그때 방해받지 않고 음악을 듣고 싶었거든. 그리고 그 사진 때문에 난 화가 폭발할 것 같았어. 사실은 그 사진을 다른 아이들에게 전송할까 봐 걱정하는 마음이 더 컸어. 확인해 보지 않고, 너에게 달려가서 멱살을 잡고 화를 낸 건 나도 사과할게. 재수 없다고 막말한 것도 미안해."

끝내 고은이는 눈물을 흘렸다. 성진이도 할 말을 잃어 고개를 떨군 채 고은이의 눈치만 살폈다.

선생님은 잠시 서로의 감정을 정리할 수 있도록 시간을 주었다. 고은이는 눈물을 닦으며 마음이 편안해진 듯 보였고, 성진이도 과묵한 아이가 된 듯 보였다. 한참 시간이 흐르자 선생님은 다시 말을 이어 갔다.

"그래, 고은이와 성진이가 서로의 마음을 잘 표현했어. 자기를 위해 변명하지 않고, 상대편을 비난하지 않고, 상대방 마음을 '있는 그대로' 인정해 주고 사과하는 행동은 멋진 행동이란다. 그런데 여기서 생각해 볼 것이 있어. '인정해 주는 것과 동의해 주는 것은 다르다.'는 거야. 상대방의 입장을 똑같이 느끼며 네 감정이 옳다고 '동의'하는 것이 아니라, 서로의 감정을 이해해 주는 거란다."

이렇게 말하자 재진이도 용기가 생겼다.

"인내야, 지난번에 내가 '넌 왜 참견이냐고' 하며 빠지라고 말했던 거 사과할게. 넌 친구로서 고은이의 입장을 이해하고 도와주려고 한 것인데, 네 입장에서는 아무 이유 없이 나에게 비난을 받은 것이니 화가 났을 거야."

재진이가 인내의 입장을 이해하며 사과를 하자, 인내도 눈물이 왈칵 쏟아졌다. 또 한참의 시간이 흘러 감정이 정리되자, 선생님은 다시 말을 이어 갔다.

"얘들아, 선생님은 너희가 참 기특하구나. 5주라는 시간 동안 감정 공부를 하겠다고 참여하여, 이렇게 서로의 감정을 헤아리고 표현할 수 있게 된 것이 얼마나 감사한지 몰라. 우리가 첫 시간부터 공부했듯이 화라는 감정을 이해하고, 화를 알아차린다고 하더라도 그 감정을 조절할 수 있는 '능력'이 있어야 한단다. 그런데 오늘 선생님은 너희를 보면서 오히려 배우게 되었구나."

선생님은 '나 전달법'으로 감정을 설명하였다. 선생님의 격려에 아이들은 모두 괜스레 우쭐한 마음이 들고 뿌듯했다.

"오늘 배운 것을 한 주 동안 가족들과 연습해 보자꾸나. 자신의 감정을 조절하고 다스리는 것이 얼마나 멋지고 어른스러운 행동인지 한번 경험해 보길 바랄게."

선생님의 제안에 아이들은 편안한 마음으로 자리에서 일어날 수 있었다.

인내는 집으로 돌아와 엄마와 식탁에 마주 앉았다. 엄마는 오늘 감정 공부에 대해 어땠는지 물어봤다. 인내는 이 기회를 놓치지 않고 연습을 해 보기로 했다.

"엄마, 전 집에만 오면 답답하고 짜증이 났어요. 저는 엄마와 잘 지내고 싶고 이야기도 많이 나누고 싶었는데, 엄마가 저를 답답하게 여기거나 작은 것까지 세세히 물어보며 잔소리를 하면, 저도 모르게 참견받기도 싫고 집을 나가고 싶다는 생각도 들었어요."

인내는 엄마의 반응을 살피며 조심스럽게 이야기를 시작했다.

"그랬구나, 엄마는 잘 몰랐네. 또 엄마가 실수한 것이 있니?"

엄마는 평소와 달리 이야기를 잘 들어주며 인내의 말에 귀를 기울여 주었다.

"엄마, 제가 답답하고 느려도 기다려 주세요. 동생이랑 비교하지 말고, 저를 이해해 주면 좋겠어요. 저도 좀 더 노력할게요."

울먹거리며 어렵게 말을 마쳤다. 엄마는 아무 말 없이 인내를 안아 주었다. 인내도 엄마를 힘껏 껴안으며 엄마의 사랑을 느꼈다. 그리고 한마디 던졌다.

"엄마, 엄마도 엄마의 마음을 표현하셔야죠? '나 전달법'으로요! 제가 가르쳐 드릴까요?"

오르락내리락 감정 수업

05

감정 전달하기

가장 최근에 말다툼했던 때를 기억해 보세요. 그때 여러분과 상대방의 대화를 곰곰이 생각해 보면, 주어가 '너'로 시작되는 '너 전달법'이었다는 것을 알게 될 거예요.

누구나 화가 나서 싸울 때는 자신이 피해자고, 상대방이 가해자라는 것을 주장하기 위해 "네가 이렇게 말했잖아.", "넌 늘 그랬어.", "네가 잘못했으니까."라고 말합니다. 하지만 이런 대화는 진짜 마음을 나누는 소통이 아니라, 서로를 향한 비난과 공격만 가져오게 됩니다.

제대로 소통하기 위해서는 자신의 마음을 드러내는 '나 전달법'을 사용해야 합니다. '나 전달법'은 주어가 '나'입니다. '나'로 시작하는 문장으로 말하다 보면 서로의 감정, 입장, 마음을 알게 됩니다.

서로가 자신의 마음을 상대방에게 전달하고 상대방은 그것을 인정해 주어야 합니다. 변명이라고 비난하기보다는 "네 입장에서는 그럴 수도 있었겠다."고 말하는 것이 필요합니다.

> 만약 내 마음을 인정해 주지 않더라도 더 큰마음으로 '나 전달법'을 이용해 상대방의 마음을 인정해 주세요.

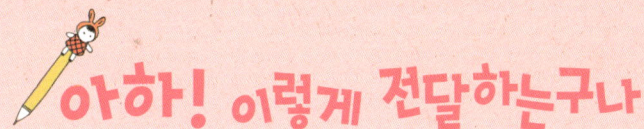 아하! 이렇게 전달하는구나

다음 상황에서 '너 전달법'으로 한 말을 '나'를 주어로 하는 '나 전달법' 문장으로 바꿔 보세요.

상황	너 전달법 (You-message)	나 전달법 (I-message)
동생에게 양보하지 않는다고 엄마에게 혼날 때	엄마는 나만 미워해! 맨날 나만 혼내잖아!	
친구가 내 물건을 허락받지 않고 마음대로 쓸 때	너 내 물건 왜 마음대로 쓰냐? 제정신이야?	
형(누나)이 나를 못생겼다고 놀릴 때	형도 되게 못생겼거든. 돼지처럼 생긴 주제에.	

 정답 예 저는 속상하고 슬퍼요.
난 네가 내 물건을 쓰고 싶을 때, 나에게 물어봐 주면 좋겠어.
그렇게 말하니 너무 화가 나. 난 사과 받고 싶어.

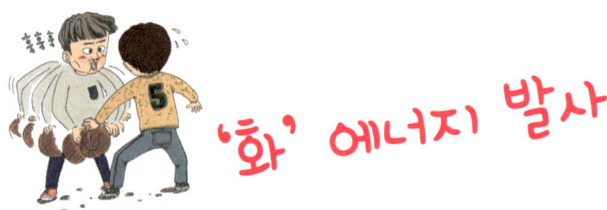

'화' 에너지 발사

"아니, 늦은 밤에 웬 피아노 소리지?"

밤 9시가 넘은 시간에 요란한 피아노 소리가 들렸다. 고은이는 인터넷 강의를 듣다가 그 소리에 예민해졌다.

"엄마, 윗집에서 피아노 치나 봐. 9시가 넘었는데, 너무 심하지 않나?"

"그러게 말이야. 아까 크게 싸우는 소리가 들리더니 갑자기 이 밤에 피아노를 치는구나. 고등학생 딸이 치는 건가? 이어폰 꽂고 강의 들어."

엄마도 걱정스럽기도 하고 언짢은 표정이었다.

고은이가 인강을 듣는 동안에도 피아노 소리는 멈추지 않았다. '피아노야 부서져라.' 하고 쳐대는데 짜증이 밀려왔다.

"엄마, 이어폰 꽂아도 들려! 윗집 사람들 정말 너무하네. 엄마 좀 올라가 봐."

고은이가 재촉했다.

"이 밤에 올라가서 이웃끼리 싸움 날 일 있니? 곧 그치겠지. 조금만 참고 볼륨 키워."

엄마 말대로 한 10분 정도 쾅쾅거리는 피아노 소리가 나더니 이내 잠잠해졌다. 고은이는 이어폰을 빼면서 선생님 말이 생각났다.

'사람마다 화를 푸는 방법이 다른 건가? 윗집 언니는 화가 나서 피아노를 치나? 그래도 그렇지, 밤 9시가 넘어서 쾅쾅 치는 피아노는 예의가 아닌 것 같은데…….'

다음 날 아침, 고은이는 엘리베이터에서 윗집 아주머니를 만났다.

"안녕하세요. 아래층에 사는 최고은이라고 하는데요. 어젯밤에 피아노 소리가 크게 들려서 공부에 집중할 수가 없었어요. 죄송하지만 밤에는 자제 부탁드립니다."

고은이는 떨렸는지 90도로 허리를 숙이며 공손하게 부탁했다.

"어머나, 우리 딸이 스트레스를 받는다고 피아노를 치더니 시끄러웠구나. 미안해. 고은이가 초등학생이지? 참 예의 바르고 어른스럽게 말을 잘하는구나. 학교 잘 다녀와!"

고은이는 웃음을 지으며 더 예의 바르게 인사하고 내렸다. 그동안 감정 공부 숙제를 어떻게 해야 하나 고민했는데, 미션 수행이 끝나니 마음이 후련했다.

마지막 감정 공부가 시작되는 수요일 오후, 여섯 명의 아이들은 마지막 시간이라는 아쉬움과 시원함이 동시에 밀려와 기분이 좋은 듯 보였다. 선생님이 아이들을 보낸 후 서랍 속에서 간식을 꺼내 책상 위에 준비하자, 아이들은 환호성을 질렀다.

"와~."

"오늘이 마지막 시간이구나. 그렇지?"

"네~."

아이들은 모두 아쉽고 또 기쁜 마음으로 긴 대답을 했다.

"그래, 오늘은 감정 공부 마지막 시간이야. 그동안 감정 이해하기, 감정 알아차리기, 감정 조절하기, 감정 표현하기 등을 배우며 6주라는 시간이 지나갔구나."

"아직도 더 공부할 게 남았어요? 감정을 잘 조절하면서 잘 표현하면 되는 거 아닌가요?"

성진이는 간식에 눈이 가서 빨리 끝내고 싶은 듯했다.

"지난주 '나 전달법' 연습을 해 본 사람?"

선생님의 질문에 아이들 모두 손을 들었다.

"다들 어떤 기분이었는지 궁금하구나. 오늘은 화가 났을 때 화를 다루는 더 좋은 방법을 함께 이야기해 보려고 한단다. 상대방과 충분한 대화를 했음에도 여전히 화가 풀리지 않거나, 가족이나 친구가 겪은 부당함 때문에 화가 났다면 다른 방법으로 해소해야겠지?"

"네, 맞아요. 어젯밤에 저희 윗집에서 밤늦게 피아노를 시끄럽게 쳐서 화가 났을 때도 그런 상황이었어요. 올라가서 따지고 싶지만 그럴 수도 없고 그냥 참기만 했는데, 오늘 아침에 엘리베이터에서 윗집 아주머니를 만나서 '나 전달법'으로 부탁을 드렸더니, 서로 기분 좋게 이야기를 마쳤어요."

고은이가 미션 수행한 일을 떠올리며 이야기했다.

"나 전달법은 아주 효과적이지. 만일 어젯밤 피아노 소리에 화가 났을 때 가장 좋은 방법은 마주 보고 이야기하는 것이지만, 그럴 수 없는 시간이나 상황이었기 때문에 혼자 있을 때 화를 다루는 방법을 배워야 하는 것이란다. 혼자 화를 다루는 방법을 모르면 잠을 자거나 계속 먹거나 한 가지에 빠져서 스트레스를 풀려고 하는데, 그 방법은 안 좋은 방법이란다."

"어! 저희 형이 바로 그래요. 화가 나면 잠자러 방에 들어가는데요?"

재진이의 눈이 동그래졌다.

"화가 났을 때 재진이 형처럼 잠을 자게 되면, 나중에는 불면증에 시달릴 수 있어. 화가 난 감정이 해소되지 않고 생각은 계속 떠오르는데, 잠을 너무 많이 자서 밤에 잠이 오지 않는 거지. 또, 화가 났을 때 음식을 먹으면 소화도 잘 안 될뿐더러 이때 음식을 먹으면 나중에 음식에 집착하게 된단다. 그것을 폭식이라고 하는데, 화라는 감정과 음식이 연합되어 내 몸을 해치게 되는 거야."

아이들은 모두 고개를 끄덕이며 놀란 표정이었다.

"선생님, 그럼 화가 날 때 피아노를 세게 치는 것은 괜찮은가요? 윗집 언니도 화가 났었던 것 같은데……."

고은이가 질문을 던졌다.

"응, 그랬을 수도 있지. 하지만 화를 해결하겠다고 이웃에게 피해까지 주면서 치는 것은 좋은 행동은 아니지. 화가 났을 때는 일단 우리 몸의 에너지를 발산하는 것이 필요해. 밖에 나가서 운동을 하거나 청소를 하거나, 노래방 같은 곳에 가서 소리를 지르며 노래를 부르는 것, 드럼이나 피아노 같은 악기를 치거나 연주하는 것은 에너지를 발산하는 행동이란다. 또, 신체를 사용하지 않고도 화를 다루는 방법도 있어. 조용히 생각하면서 글을 쓴다든가, 상대에게 편지를 쓴다든가, 그림을 그리거나 기도를 하는 등 혼자만의 시간을 가지면서 화를 다루는 좋은 방법도 많단다."

"아, 그래서 엄마들이 화가 나면 빨래를 하거나 설거지를 하면서 푸시나 봐요?"

인내가 이야기하자 아이들은 공감이 되는지 모두 웃으며 고개를 끄덕였다.

"오늘은 너희에게 보여줄 재미있는 동영상이 있단다."

선생님은 리모컨으로 교실의 TV를 켜고, 컴퓨터 화면의 동영상을 클릭했다. 드라마 주인공이 등장하자 아이들은 환호성을 질렀다.

"와~."

드라마는 여러 편이 짜깁기 되어 있었다. 멋진 주인공들이 화가 났을 때 달리기를 하거나 복싱이나 검도를 하는 모습, 아무 말 없이 등산을 하여 산 정상에 올라가 소리를 지르는 모습, 혼자 산책하고 음악을 들으며 마음을 달래는 모습, 조용히 기도하는 모습 등이 담겨 있었다.

"자, 너희도 주변에서 다 보고 관찰했던 모습이지? 이렇게 건강하게 자신의 감정이나 화를 다룰 수 있단다. 다른 사람에게 화를 내거나 소리를 지르거나 화풀이하기, 이웃에게 피해를 주면서 악기 연주하기, 건강을 해치면서 담배를 피우거나 술 마시기, 더 나쁘게는 묻지 마 폭행이나 테러 같은 행동은 화를 다룰 줄 모르는 사람들의 방법이란다."

선생님의 말에 아이들은 고개를 끄덕였다.

"너희는 화가 나거나 우울한 경험이 다 있지? 그때 무엇을 해서 마음이 편안해졌는지 한번 생각해 보렴. 그리고 서로 이야기를 나누어 볼까? 좋은 방법을 서로 나누다 보면 화를 다루는 방법이 풍성해질 거야."

"저는 편지나 비밀 일기를 써요."

사랑이가 먼저 자기의 방법을 소개했다.

"저는 제 방에 들어가서 음악을 들었어요."

인내도 자랑하듯 당당하게 이야기했다.

"저는 친구들과 코인 노래방에 가서 노래를 불렀어요."

우민이가 이렇게 이야기하자 다들 놀라는 눈치였다.

"저는 농구공을 들고 나가서 동네 친구들이랑 농구를 해요."

성진이는 움직이면서 에너지를 쓰는 편이었다.

"재진이는 무엇을 하니?"

선생님이 묻자, 재진이는 웃으며 주머니에서 핸드폰을 쓱 꺼내며 멋쩍게 웃었다.

"게임이요. 좋은 방법이 아닌 것은 알지만, 답답할 때는 그냥 혼자 게임을 했어요. 그런데 선생님 말씀을 듣고 보니 좋은 방법은 아닌 것 같아요. 차라리 성진이랑 같이 농구를 하

는 게 나을 것 같아요."

눈치 빠른 재진이는 정답도 잘 얘기했다.

"그래, 너희 모두 각자 감정을 활용하는 방법을 알고 있구나? 좋지 않은 방법은 좋은 방법으로 바꾸고, 또 해 보지 않은 방법은 새롭게 도전해 보는 것도 좋아."

"그럼, 선생님은 어떤 방법을 사용하세요?"

고은이는 선생님의 방법이 궁금해졌다.

"응, 선생님도 다양한 방법을 활용하지. 혼자서 음악을 들으며 기도를 하기도 하고, 깊은 호흡을 하면서 생각을 바꾸고 다스리는 연습도 하지. 또, 어머니들처럼 빨래를 하거나 설거지를 하기도 하고, 밖으로 나가서 산책도 많이 한단다."

"혹시 저희 때문에 화가 나셨을 땐 어떻게 푸세요?"

선생님의 말이 끝나고 성진이가 손을 들어 질문하자, 아이들이 모두 키득거렸다.

"선생님은 이렇게 너희와 마주 앉아서 이야기 나누면 다 풀린단다."

선생님의 대답에 아이들은 환호와 손뼉을 쳤다.

"오, 선생님 짱이에요!"

"자! 서로의 방법을 나누어 보니 비슷한 점도 있고, 배울 점도 있지? 이렇게 해서 6주 동안의 감정 공부도 모두 끝나 가는구나. 너희도 그동안 많은 것을 느꼈을 것 같은데, 한 명씩 돌아가면서 소감 한번 이야기해 볼까? 누가 먼저 시작할래?"

"저요!"

우민이가 가장 먼저 손을 들었다.

"전 선생님과 감정 공부를 하면서 엄마와 아빠를 이해하게 되었어요. 또, 저에게 있는 안 좋은 습관, 예를 들면 화가 나면 혼자 방에 들어가 대화하지 않는 것이 안 좋은 줄도 몰랐는데, 이제 알게 되었고요. 다음 주에 아빠를 만나면 엄마와 화를 잘 다루며 대화하는 방법을 소개해 보고 싶어요."

아이들은 우민이의 이야기가 끝나자 손뼉을 쳐 주었다. 우민이는 쑥스러운 듯 머리를 긁적이며 웃었다.

"선 엄마와 마주 앉아 제 감정을 이야기했던 시간이 떠올라요. 아마 감정 공부가 아니었다면 엄마와 매일 감정 전쟁이었을 거예요. 엄마는 잔소리, 저는 짜증. 늘 반복되는 답답한 대화가 이젠 좀 달라졌어요. 이젠 참다가 화내고 폭발하지 않고, 엄마와 자주 마주 앉아 진심을 나눌 거예요."

인내가 후련하게 고백하듯 말을 마쳤다.

"저에게 있었던 나쁜 일이 이렇게 좋은 결과가 될 줄은 몰랐어요. 처음에 감정 공부를 시작할 땐 성진이에게 사과받고 싶었던 마음만 가득했는데, 저 자신을 발견하고 알게 된 것 같아요. 또, 확인해 보지도 않고, 혼자 생각하고 오해하고 화를 키웠던 제 사고방식에 문제가 있었다는 것도 알게 되었고요. 선생님, 감사합니다."

고은이는 감정 공부로 가장 큰 수확을 얻은 것 같았다.

"고은이와 마찬가지로 저도 많이 배우게 된 것 같아요. 지나친 장난은 상대방의 마음을 많이 상하게 할 수 있고, 상처도 줄 수 있다는 것을 배웠어요. 하지만 기분 좋은 것도 있었어요. 화가 났을 때 운동을 하는 제 습관이 좋은 방법이라는 것을 알게 되어서 엄마에게 자랑하고 싶어요."

말을 마친 성진이에게 선생님은 엄지를 척 들어 올리면서 농담을 하셨다.

"그렇다고 설마 '매일 화가 나요.' 하면서 농구만 하는 것은 아니지?"

아이들이 모두 깔깔대며 웃었다.

"저는 화가 안 나는 것이 아니라 화가 나도 잘 몰랐던 것 같아요. 화가 난 건지 기분이 어떤지 좀 알아차리도록 신경을 써야겠다는 생각이 들었어요. 또, 지금까지 저의 장난 때문에 다른 친구들이 기분 나빴을 수도 있구나 싶어 좀 찔리는 마음이에요."

재진이도 웃었다.

마지막으로 사랑이의 차례였다. 늘 말수가 적고, 침착하고, 차분한 사랑이는 뭐라고 이야기할지 다른 친구들은 기대가 되었다.

"저는요, 감정 공부를 통해 저의 꿈을 찾은 것 같아요."

아이들의 눈이 동그래졌다.

"저는 엄마와 이야기를 나누면서 다른 사람의 이야기를 들어 주고 감정을 헤아려 주는 것이 참 고마운 일이라는 것을 알고는 있었어요. 그런데 이번에 여러 친구와 함께 마음을 나누면서 '사람은 내가 보는 것보다 훨씬 더 복잡하고 다양한 감정을 가지고 있고, 그것을 표현할 때 진짜 모습을 알 수 있구나.' 하는 것을 알게 되었어요. 그래서 저는 앞으로 상담가

나 선생님을 해 보고 싶다는 생각이 들었어요."

사랑이가 말을 마치자 아이들은 모두 손뼉을 쳐 주었다.

"오올~."

선생님도 더 이상 말이 필요 없다는 듯 고개를 끄덕이며 같이 손뼉을 쳐 주었다.

"너희 고백이 너무 멋지고 대견하구나. 그리고 선생님도 너희와 함께할 수 있어서 참 좋았어. 그리고, 학급에서 일어났던 사건은 문제가 아니라 기회라는 것을 다시 한번 확인했단다. 작은 문제와 사건도 놓치지 않고 아이들을 도와주는 기회로 삼아야겠다고 생각을 했어. 선생님도 너희와 함께 배워갈 예정이야."

아이들은 가장 크게 손뼉을 치며 선생님을 향한 존경심과 감사함을 표현했다.

"자! 이제 간식 타임이야!"

선생님의 외침에 아이들은 기다리던 간식을 먹으며 수다로 감정 공부를 마쳤다.

"얘들아, 한 번 비밀은 평생 비밀인 거 알지? 너희 꼭 지킬 거지?"

성진이가 맹세를 약속하자 아이들 모두 다짐을 이어 갔다.

"당근이지!"

"콜!"

"그런데, 이거 너무 좋은 공부인데, 우리만 알기는 좀 아깝지 않나?"

재진이가 배시시 웃으며 친구들을 슬쩍 떠보았다.

"비밀은 비밀일 때 멋지고 가치가 있는 거야! 째진아."

우민이가 재진이에게 어깨동무를 하면서 어른스럽게 훈수를 두었다. 아이들은 아쉬움과 후련함을 뒤로한 채 집으로 향했다.

오르락내리락 감정 수업

06

감정 활용하기

불은 열과 빛을 발산합니다. 열로 음식을 익혀 먹고, 빛으로 어둠을 밝히죠. 이처럼 우리의 삶에 꼭 필요한 열과 빛을 가리켜 에너지라고 하지요. 에너지는 우리가 살아가는 데 꼭 필요해요. 실제 불(火)이 에너지가 되듯이 우리 '마음의 불'이라고 할 수 있는 화(火)라는 감정도 에너지가 됩니다.

화가 났다는 것은 무엇인가를 할 수 있는 에너지가 생긴 것이라고 할 수 있죠. 화가 났을 때 그 에너지를 삭히기 위해서 먹거나 자는 방법을 사용하면, 그 에너지는 우리의 몸과 마음을 상하게 합니다. 또, 화가 났을 때 게임을 하거나, 어른의 경우 술이나 담배, 도박, 쇼핑을 하게 되면 중독으로 발전할 수 있어요.

우리는 이 에너지를 보다 적극적인 활동과 표현으로 바꾸는 것이 좋아요. 실제로 훌륭한 예술가나 뛰어난 운동선수들은 화 같은 부정적인 감정을 적극적으로 표현하여 작품이나 실력을 키우는 데 사용하는 경우가 아주 많답니다.

> 화라는 에너지를 건강하게 발산할 다른 방법도 찾아보세요.

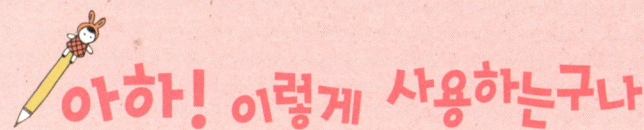
아하! 이렇게 사용하는구나

자신과 다른 사람은 화가 났을 때 어떤 방법을 사용하는지 알아보고, 그 방법이 좋은지 나쁜지 평가해 보세요.

	상황	상황	상황
나는 주로	예) 물건을 집어 던져요.	good bad	예) 누군가 다칠 수 있어요.
		good bad	
		good bad	
___는 주로		good bad	
		good bad	
		good bad	
___는 주로		good bad	
		good bad	
		good bad	

비밀 감정 클럽, 파이팅

"톡톡!"

저녁을 먹고 숙제를 하려고 책상에 앉은 고은이는 휴대폰을 열었다.

'김우민 님이 최고은, 서인내, 나사랑, 이재진, 한성진 님을 초대하였습니다.'

"어! 여섯 명이 함께하는 단톡방이잖아?"

고은이는 답변을 달았다.

"우민아, 네가 웬일이냐? 무슨 일 있어?"

"응, 너희와 함께했던 비밀 상담이 이제 끝났다고 생각하니 너무 아쉬워서 내가 단톡방을 열었어."

우민이의 답변이었다. 같은 이모티콘을 올리는 것을 보니 다들 정이 많이 든 것 같았다. 100% 고운정은 아니지만 말이다.

"그럼 우리 일주일에 한 번씩 시간을 정해서 계속 이야기를 나눌까?"

사랑이가 제안했다.

"어! 그거 정말 좋은 생각이야!"

"오, 역시!"

성진이와 재진이도 동의했다.

마지막으로 인내가 답글을 올렸다.

"너희 선생님 안 계신다고 이상한 얘기하지 않을 거지? 서로에게 도움이 되지 않는다면 우리 해체하기로 하고, 비속어나 험담, 비난은 하지 않기로 약속하면, 나도 찬성!"

인내의 답변에 고은이와 사랑이도 동의했다.

"좋아, 그럼 모두들 수요일이 가장 편안한 시간이었으니까, 수요일 학교 마치고 만나자. 장소는 어디로 할까?"

우민이가 글을 올렸다.

"학교 옆 공원에 있는 팔각정 어때? 비가 와도 햇볕이 따가워도 피할 수 있잖아!"

고은이가 답을 달자 아이들 모두 찬성했다.

한 주가 지나고, 여섯 명의 아이들은 약속한 대로 학교 옆 공원 정자에 모였다. 선생님이 안 계시니 누가 무슨 말을 시작해야 할지 몰랐지만, 서로가 이야기를 나누는 것은 참 좋은 시간이었다.

"우리 이렇게 우리끼리만 하지 말고, 다른 아이들을 더 초대해 볼까?"

성진이가 제안했다.

"선생님도 안 계시는데, 우리끼리 잘 이끌어 갈 수 있을까……."

사랑이가 머뭇거렸다.

"그럼, 우리끼리 새로운 프로젝트를 하나 만드는 건 어때?"

인내가 제안하자 아이들은 귀를 쫑긋 세웠다.

"우리가 할 수 있는 것은 화라는 감정을 이해하고 잘 알아차린 후에 그 감정을 잘 사용하도록 설명하고 도와줄 수는 있을 것 같아. 우리가 선생님과 해 왔던 것처럼 그대로 친구들에게 알려주는 거야. 우리가 해 봤으니까 어렵지 않을 거야."

인내의 제안에 아이들의 머릿속에는 전구가 켜지는 느낌이었다.

"그래 좋아! 우리가 비밀 감정 클럽을 만들어서 교실이나 학교에서 화를 잘못 사용하는 친구들에게 가서 도움을 주자는 말이지?"

우민이가 바로 의도를 알아차린 듯했다.

"좋네. 여자아이는 너희 여자 셋이 맡고, 남자아이는 우리 남자 셋이 맡고! 딱인데?"

재진이가 무릎을 치며 눈을 반짝였다.

"그래, 그때 서로 겪었던 일들을 수요일마다 같이 나누면서 서로 해결 방안을 찾거나 친구들을 잘 도와줄 방법을 찾아보는 거야! 그러면 우리 모임도 지속할 수 있고, 또 서로 배우는 좋은 기회가 될 것 같아."

회장인 고은이는 이 친구들이 우리 반이라는 것이 너무 기뻤다. 함께하면 이렇게 좋은 생각과 감정을 나누고 새롭고 아름다운 일들이 벌어지는구나 싶어서 기대도 되었다.

"그래, 우리의 이름은 비밀 감정 클럽. 모임은 수요일 방과 후. 각자 한 주 동안 화가 나거나 우울한 친구들을 살펴보고 그 친구가 화를 알아차리고 바르게 사용할 수 있도록 알려주고 도와준다. 오케이?"

고은이가 정리하자 모두들 주먹을 쥐며 결의를 다졌다.

"야! 우리 다 같이 파이팅 한번 하고 헤어질까? 손 모아 봐. 우리 비밀 감정 클럽 멤버들 모이셨나요? 하나, 둘, 셋, 파이팅!"

초판 4쇄 2021년 4월 29일 | **초판 1쇄** 2018년 2월 28일

글 강현식·박지영 | **그림** 박선미

펴낸이 정태선
펴낸곳 파란정원(자매사 책먹는아이) | **출판등록** 제395-2010-000070호
주소 서울시 서대문구 모래내로 464 2층(홍제동)
전화 02-6925-1628 | **팩스** 02-723-1629
제조국 대한민국 | **사용연령** 8세 이상 어린이
홈페이지 www.bluegarden.kr | **전자우편** eatingbooks@naver.com
종이 다올페이퍼 | **인쇄** 조일문화인쇄사 | **제본** 선명

글ⓒ강현식·박지영 2018
ISBN 979-11-5868-140-1 73810

이 책은 저작권법에 따라 보호받는 저작물이므로 무단 전재와 무단 복제를 금지하며,
이 책 내용의 전부 또는 일부를 이용하려면 반드시 저작권자와 파란정원(자매사 책먹는아이)의 동의를 얻어야 합니다.
*잘못된 책은 구입하신 서점에서 바꿔 드립니다.